学习蒙氏教育，从仔细

家长只要学习了蒙氏教育，
就会觉得孩子调皮时也同样讨人喜欢

孩子专注时，
是在培养自己真正的能力

1

能让婴儿停止哭泣的
神奇婴儿垫

穆纳里吊铃可以用来
训练婴儿眼睛的聚焦能力

转一转、压一压，
真好玩

用针缝东西的游戏
颇受孩子欢迎

进入数字敏感期的孩子们

让孩子将数量与数字进行准确匹配

孩子们都喜欢大数字

将教具用于"工作"
只要下功夫，独自做手工也没问题

开瓶盖

以夹取物

转陀螺

穿线串珠

摆积木

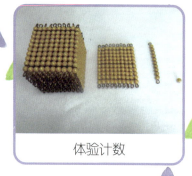

体验计数

"四大发展阶段"

婴幼儿期

0 ~ 6岁
幼儿园

前期
3岁
后期

大幅成长、转变。敏感期几乎集中于此时。以3岁为界，划分前期与后期。

儿童期

6 ~ 12岁
小学

成长稳定。记忆潜力巨大。看重小团体。

青春期

12 ~ 18岁
初中、高中

身心发生剧变。
害怕脱离集体。

青年期

18 ~ 24岁
大学、社会人士

会思考自己的未来以及将要对社会做出的贡献。成为一个完整的人。

儿童的敏感期

运动
掌握生活所必需的运动能力

语言
逐渐吸收母语

秩序
格外讲究顺序、习惯、地点等

细微事物
仔细观察细微事物

感觉
训练五官的感觉

书写
什么都想写，比阅读敏感期来得早

阅读
对于阅读乐在其中

数字
什么都想数，来得比较晚

文化、礼仪和社会规则
适应出生和成长的地区，吸收文化

何谓敏感期

　　所谓敏感期，是指儿童出于自身发展的内在需求，在某段时间内对某些事物充满强烈的兴趣，并集中精力反复学习或尝试，从而锻炼自己各方面能力的关键时期。

出生

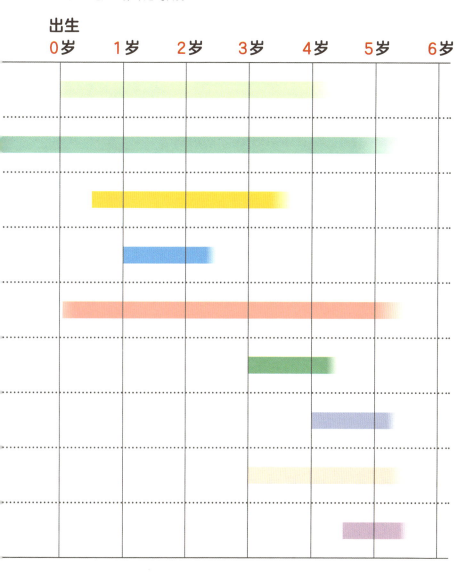

父母应该知道的
孩子的成长周期

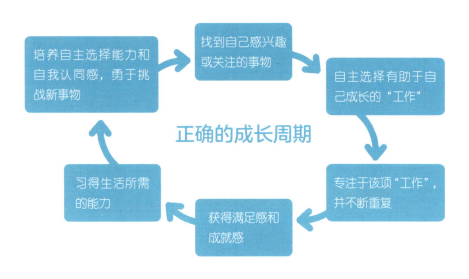

正确的成长周期

- 培养自主选择能力和自我认同感，勇于挑战新事物
- 找到自己感兴趣或关注的事物
- 自主选择有助于自己成长的"工作"
- 专注于该项"工作"，并不断重复
- 获得满足感和成就感
- 习得生活所需的能力

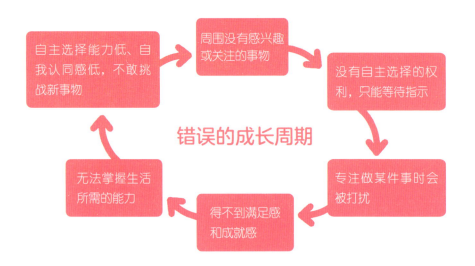

错误的成长周期

- 自主选择能力低、自我认同感低，不敢挑战新事物
- 周围没有感兴趣或关注的事物
- 没有自主选择的权利，只能等待指示
- 专注做某件事时会被打扰
- 得不到满足感和成就感
- 无法掌握生活所需的能力

蒙台梭利
极简育儿法

解锁儿童
敏感期

モンテッソーリ教育で
子どもの本当の力を引き出す！

〔日〕藤崎达宏 ◎ 著

武　静 ◎ 译

苏州新闻出版集团
古吴轩出版社

图书在版编目（ＣＩＰ）数据

蒙台梭利极简育儿法 ：解锁儿童敏感期 ／（日）藤崎达宏著 ；武静译. -- 苏州 ：古吴轩出版社，2023.9
ISBN 978-7-5546-2182-0

Ⅰ．①蒙… Ⅱ．①藤… ②武… Ⅲ．①家庭教育—儿童教育 Ⅳ．①G782

中国国家版本馆CIP数据核字(2023)第161108号

MONTESSORI KYOIKU DE KODOMO NO HONTO NO CHIKARA WO HIKIDASU!
by Tatsuhiro Fujisaki
Copyright © Tatsuhiro Fujisaki 2017
All rights reserved.
Original Japanese edition published by Mikasa−Shobo Publishers Co., Ltd.
This Simplified Chinese language edition is published by arrangement with
Mikasa−Shobo Publishers Co., Ltd., Tokyo in care of Tuttle−Mori Agency, Inc., Tokyo
through Inbooker Cultural Development (Beijing) Co., Ltd., Beijing.

责任编辑： 顾　熙
见习编辑： 张　君
封面设计： 尚世设计

书　　名： 蒙台梭利极简育儿法：解锁儿童敏感期
著　　者： [日] 藤崎达宏
译　　者： 武　静
出版发行： 苏州新闻出版集团
　　　　　　古吴轩出版社
　　　　　　地址：苏州市八达街118号苏州新闻大厦30F
　　　　　　电话：0512-65233679　　邮编：215123
出 版 人： 王乐飞
印　　刷： 天津旭非印刷有限公司
开　　本： 880mm×1230mm　1/32
印　　张： 7
字　　数： 107千字
版　　次： 2023年9月第1版
印　　次： 2023年9月第1次印刷
书　　号： ISBN 978-7-5546-2182-0
著作权合同登记号： 图字10-2023-264号
定　　价： 49.80元

如有印装质量问题，请与印刷厂联系。022-60307286

学习蒙氏教育——

父母心情舒畅，孩子茁壮成长

首先，我想问大家几个问题：

婴儿出生之前父母应做好哪些准备？室内装潢的风格是否适宜孩子成长？孩子在某个年龄段会有怎样的成长进步，父母应该关注哪些点？

大家在上学时有没有学过相关的育儿知识呢？

我想，大家的回答都是"没有"。

但是，请大家思考一下。从几百年前开始，人类的成长过程和成长方式几乎没有变化。也就是说，我们的孩子在某个年龄段会对什么感兴趣，会有哪些行为，会有怎样的进步，都是可预知的。

如果以考试类比，以上就是老师口中的必考项目。因此，家长应该认真对待。

　　我认为，最有助于家长获取育儿知识的途径就是学习蒙氏教育[①]。

　　家长通过学习蒙氏教育，可以更清楚地看到孩子的成长变化，并能乐此不疲地专注于育儿。也就是说，是在适当的时机进行的适合孩子的教育。

　　正文中也将介绍，不仅是普通人，众多名人也曾接受过蒙氏教育。在我的记忆中，日本将棋[②]棋圣藤井聪太[③]的光辉成绩背后就有蒙氏教育的功劳。除此之外，本书还将向大家介绍其他接受过这一教育的名人，例如微软创始人比尔·盖茨、亚马逊创始人杰夫·贝索斯、Meta（原名Facebook）创始人马克·扎克伯格，甚至英国王室成员等。

---

① 教育领域术语，也称蒙台梭利教育法、蒙氏教学法，是以意大利女性教育家玛丽亚·蒙台梭利的名字命名的一种教育方法。——译者注

② 可以把将棋理解为日本象棋。——译者注

③ 2020年7月16日，藤井聪太在日本将棋头衔战中获得棋圣头衔，成为日本史上最年轻的将棋棋圣。——译者注

无论是谁，初次育儿都会遇到许多问题。

经常有家长向我咨询："我家孩子总是安静不下来，一直动个不停。刚感觉他要安静下来，想不到下一秒他就去碰不该碰的东西，各种胡闹……我已经没力气骂他了。您说我该怎么办呢？"

我想说的是："孩子真的是在胡闹吗？"

可能这时家长会忍不住发火，但请先忍住！试着观察一下孩子的表情，您就会发现此时的孩子一定在全神贯注地做手头的事。

如果有家长了解过蒙氏教育中有关孩子成长的内容，此时一定能意识到"原来这就是儿童敏感期啊！"。

儿童敏感期的相关内容我会在正文中细细道来，简单来说就是孩子专注于某事，能力飞速发展的特殊时期，这是蒙氏教育理念的支柱之一。

通过了解儿童敏感期，家长可以知道孩子专注于某事的时候其实是在锻炼自己真正的能力。如此，家长就可以从容地守护孩子的成长。

不了解儿童敏感期的家长会单纯认为孩子是在胡

闹，然后责骂并要求其停止手头的活动；了解儿童敏感期的家长，则掌握了相关的育儿知识，能守护并发掘孩子真正的能力。这两种家长在育儿方面的差距无法估量。

可能有的家长会反驳："还不是因为你养育了4个孩子才有这样的经验。"

但我想说，完全不是这样。

其实，我们家是再婚重组家庭。老大、老二、老三都和我没有血缘关系。婚后不久，我有了自己的孩子。突然成为4个孩子的父亲，一时间我也十分慌乱。

想着自己必须做点什么，于是我读了一百多本育儿书籍，虽然也付诸了实践，但到头来都是无用功。我铆足了劲儿要做称职的父亲，要把孩子教育好，要让孩子认可我这个父亲！

用医学领域的话来说就是，我患上了男性产后抑郁症。

就在那个时候，我无意间从妻子的书架上拿起了蒙氏教育方面的书籍——相良敦子所著的《妈妈的

"敏感期"》。这本书中写道:"孩子有自我培养的能力,家长只需营造良好的环境以及提供帮助。"

为孩子们"营造环境,提供帮助"这样的事我还是能做到的,甚至可以说这些事简单到令我吃惊。从那之后,我放松下来,开始尝试宽松式育儿。

如今,为了能让在育儿之路上奋斗的家长像我一样学会多种育儿方法,我除了在日本横滨开设沙龙,还到日本各地进行演讲。

本书进行了精心编写,即使是不了解蒙氏教育的人,也能通过本书了解其概要。本书即使不能适用于特殊情况,也能帮助大家掌握育儿要点。

我相信,大家通过学习蒙氏教育,既能让自己心情舒畅,也能助力孩子茁壮成长。

愿本书能够帮助到被育儿困扰的人。

让我们开始学习吧!

藤崎达宏

第一章

蒙氏教育超入门
掌握要点，让孩子真正的能力突飞猛进

第二章

人从出生到成熟的"四大发展阶段"
孩子会有变化，家长要有准备

第三章

蒙氏教育的核心要素——敏感期
挖掘孩子真正的能力的关键词

第四章

孩子会在正确的成长周期中茁壮成长

强势与温柔，掌握生存之道

第五章

孩子长大成人之前家长需要知道的内容
活到老，成长到老

结语

"育儿就是孕育新世界"
——怀着同理心创造和平的未来

第一章

蒙氏教育超入门

掌握要点，让孩子真正的能力突飞猛进

1

什么是蒙氏教育

　　我们先来了解一下什么是蒙氏教育吧。既然是入门，首先，我们要掌握蒙氏教育的要点，即"什么时间，谁，在哪里，发生了什么"。

◆ 这是什么时间兴起的教育方法

　　1870年，蒙氏教育的创始人玛丽亚·蒙台梭利出生在意大利。1907年，蒙氏教育的现实雏形"儿童之家"成立（相关内容将在后文中详细阐述）。看到这里，可能有人会觉得蒙氏教育太陈旧了吧。

为什么这么老的教育法至今仍能在全世界大受追捧？让我们逐步探索其中的秘密吧！

◆ 玛丽亚·蒙台梭利是什么样的人

玛丽亚·蒙台梭利是意大利的第一位女性医生。

正是她医生的身份，才使得蒙氏教育与众不同。大多数教育法都源于各种育儿经验的积累，但蒙氏教育却是以医学、生物学、心理学等多学科为基础创立的教育方法，这也是其独特之处。

此外，我还想简要介绍一下蒙台梭利。

当时在意大利，人们普遍认为医生应当是男性的工作，因此蒙台梭利在成为医生的道路上遇到了很多困难。就连进入医学专业学习的过程也充满坎坷——她先是进入别的专业，后来才转到医学专业。

即使转了专业，系里也只有她一个女生。其间，她多次遭受歧视。但一心要成为医生的她，拿到了多项奖学金并以第一名的毕业成绩证明了自己的实力。

她留下这样一句话："那时，我什么都不怕，我觉得自己什么都能行。"

　　除此之外，蒙台梭利容貌姣好，与当时喜好男性风格装束的其他知识女性不同，她喜欢优雅的女装。品位出众也是她备受人们推崇的原因之一。

② 什么是"儿童之家"

1907年，蒙台梭利在意大利圣洛伦索贫民窟建立了儿童之家。这是她伟大的成就之一。

在那之前，意大利社会中有这样的定论："小孩子们什么都做不了，所以只要听从家长和老师的话就好了。"比如，家具都是成人尺寸。孩子们即使想自己坐在椅子上，也是做不到的。他们只能寻求成年人的帮助，让成年人把他们抱上椅子。

对此，蒙台梭利正面提出了不同的观点："孩子们生来就具备做所有事情的能力。当前之所以做不到，是因为物理环境并没有为他们提供便利，或者他们不知道该如何做。"

为了印证这一点，蒙台梭利创立了儿童之家。在儿童之家，所有物品都符合儿童尺寸。无论是椅子和桌子，还是橱柜和马桶等，都为孩子们进行了量身定制，方便他们独立"工作"。可以说，这是营造出了能让孩子成为主角的环境。

置身于新环境的孩子们发挥着真正的能力，他们主动"工作"的样子震惊了当时的成人，来自世界各地的参观者络绎不绝。

由此，蒙氏教育成为"相信孩子拥有可以自主培养自己的'自我教育能力'，以提供帮助的形式促进孩子自立和自律"的教育。

3

哪些人接受过这种教育

到底有哪些人接受过蒙氏教育呢？

谷歌创始人拉里·佩奇和谢尔盖·布林，亚马逊创始人杰夫·贝索斯，维基百科创始人吉米·威尔士，微软创始人比尔·盖茨，Meta（原名 Facebook）创始人马克·扎克伯格，现代管理学之父彼得·德鲁克，英国王室成员中的威廉王子、亨利王子和威廉王子的长子乔治王子等。

　　《华尔街日报》中也曾提到"当今美国杰出的创业者们的共同点就在于他们都接受过蒙氏教育"，甚至将他们称为"蒙台梭利教育势力"。

　　那日本有哪些人接受过该教育呢？

　　蝉联桂冠的日本将棋棋手藤井聪太年幼时也曾接受过蒙氏教育。他的成功让蒙氏教育在日本备受关注。那么，藤井棋手为什么能取得如此辉煌的成就呢？我将在后文详细为大家讲解。

4

孩子在哪里能接受蒙台梭利教育

经常有人问我："蒙氏教育能够培养出这么多名人，我也想让孩子接受蒙氏教育，该去哪里呢？"

如果想接受蒙氏教育，最理想的地方当然是蒙台梭利儿童之家。此外，还有一些采用蒙氏教育理念的托儿所和幼儿园。

建议各位家长寻找合适的学校并申请体验，这样一定能看到自家孩子不一样的一面。

遗憾的是，在日本，这样的学校的数量还很少，估计不超过1000所。这样的学校，在日本幼儿学校中占比不足2.5%。

那其余的97.5%的孩子们该怎么办呢？

我一直希望其余的家庭能学习蒙氏教育，并将其运用于实践当中。因此，我以"在家也能实践的蒙氏教育"为目标，创作了这本书。

5

蒙氏教育中的教具

说起蒙氏教育，可能很多人会想到多种多样的教具。

教具最初只是医生伊塔和塞根制作的用于治疗智力缺陷的儿童的工具，蒙台梭利将其用在健全儿童的教育中，使其正式成为"教具"。

初见教具，有的家长可能觉得是玩具，但玩具和教具有着明显的区别。玩具可以随意玩耍，有各种各样的使用目的。与此相对，儿童在不同的成长阶段要使用不同的教具，且使用目的单一、集中。这就让教具与玩具划清了界限。

此前，蒙台梭利一直在思考教具的制作。教具需要让孩子们自己拿起来，兴致勃勃地重复使用，并且要让孩子真实感受到自己的成长。

比如，还不会握笔的小孩子，如果想学习写字，怎样才能帮助他独立地以正确的笔顺练习呢？

蒙台梭利为此一筹莫展时，恰巧看到一个女孩正在不断地抚摩地上的坑坑洼洼。于是，蒙台梭利灵机一动，回到家取出砂纸，用剪刀剪出文字的形状，然后将砂纸贴在了木板上。

次日，在蒙台梭利教给那个女孩木板的使用方法后，女孩按照字的笔顺，用手指描摹了好几遍，完全沉浸其中。就这样，一个新的教具——砂字板诞生了。

为了帮助孩子成长，蒙台梭利经常这样观察孩子的行为，不断尝试制作新教具，才有了如今的蒙台梭利教具。

因此，真正的教具本身就具有一定的功能性，且具有独特的魅力。只是，如今教具的价格对于普通家庭来说有一定的负担。

不过，如果了解教具的制作条件，其实在家里也可以动手自制。大家可以通过本书学习育儿之道，细心地观察孩子的行为，尝试制作教具，这也是一种快乐的体验。

我的沙龙里也有许多教具，制作材料的成本仅需100日元左右，能为您在家制作教具提供参考。

让我们来看看制作教具需要具备的几个条件：

①大小适合孩子使用；

②精美，能够引起孩子的兴趣；

③简单，用途清晰；

④只有一个挑战点；

⑤能为孩子下一阶段的发展做铺垫；

⑥能让孩子发现自己的错误。

下面为大家介绍一些教具，大家也可以试着动手挑战一下！

投入塑料片　　　　　　　插入牙签

系上纽扣　　　　　　　选出英文字母

描摹数字　　　　　　　练习计数

图1-1　每种教具各有作用

第二章

人从出生到成熟的
"四大发展阶段"

孩子会有变化，家长要有准备

不可不知！神奇的"四大发展阶段"

即将踏上漫长育儿之路的各位家长，我希望大家先来了解孩子的成长主线。而最合适的参考资料就是蒙台梭利总结的"四大发展阶段"。

成年人倾向于认为，孩子是缩小版的成年人。随着年龄的增长，他们的身体会不断发育，心智也会随之成熟。

然而，蒙台梭利却说："孩子一年一个样儿。这一过程就像是蝴蝶的一生，从孵化到成为幼虫，再到成为蛹，最后变成美丽的蝴蝶。"

虽然一时间难以置信，但接受了这一点之后，育儿将会变得非常轻松。下面，我将进行讲解。

蒙台梭利将人从出生到成熟（0～24岁）的过程分成四个阶段，称为"四大发展阶段"。

0～6岁，也就是上小学前的阶段称为"婴幼儿期"；6～12岁的小学阶段称为"儿童期"；12～18岁的中学阶段称为"青春期"；18～24岁的大学阶段称为"青年期"。

值得注意的是，婴幼儿期的孩子每天变化都很大，家长需要多加注意！儿童期的孩子发育稳定，家长可以稍微放松一下。如何顺利度过婴幼儿期，是在育儿之路上乘风破浪的关键。

◆ 0～6岁，婴幼儿期

在上小学之前，无论是在日本还是在其他国家，家长都有这样的主流想法："孩子什么都做不了，只要按照家长和老师说的做就行了。""进入小学之后再开始学习吧。在那之前只要在外面好好地玩耍就好了！"

　　但是，蒙台梭利提出了完全不同的想法：人生中所必需的80%的能力，都是在0～6岁这一阶段培养起来的，这一时期非常重要。在"四大发展阶段"中，这一阶段波动大且非常重要。

　　关于婴幼儿期，后文还会进一步讲解。

◆ 6～12岁，儿童期

　　第二阶段是儿童期，也就是小学时期。孩子的成长平稳、安定，家长也可以松一口气。另外，这一时期记忆潜力巨大，记住的东西基本不会忘记。所以，应该多让孩子去体验。

◆ 12～18岁，青春期

　　这一阶段的孩子，其身体和心理都在发生剧变。身体发育迅速，内心却如同刚换壳的螃蟹一样脆弱，总感觉自己处在危险的状态中；精神层面会随着自我认知发生转变，开始格外在意他人如何看待自己；同时，会害怕脱离集体。

理想和现实之间存在的差距，会导致这一阶段的孩子备受折磨，甚至会导致一些危险信号出现：不良习惯、家庭暴力、"家里蹲"、霸凌等。也正因为这样的心理特点，一不小心就容易酿成悲剧。

我在养育4个孩子的过程中，也真实经历了这一时期的辛苦。这一时期，所有的家长都会想："明明之前是那么好的孩子……"

这是因为家长把青春期看成儿童期的延伸，而没有意识到孩子的内在世界已经发生了变化。

"为什么只有我家的孩子这样？"想必也有很多家长这么想过吧。但青春期是长大成人的必经之路。大家都是如此。

"什么时候才能结束啊？！"因无法理解孩子的行为而备受困扰的家长越来越多。

本书中多次出现"××期"，大家目前只需记住："××期"有开始，肯定也有结束。

◆ 18～24岁，青年期

进入这一时期的孩子会怎样呢？青春期笼罩的阴霾一扫而空，心胸渐渐变得开阔；关注点向外转移，会思考自己的未来以及如何为社会做出贡献，开始向着成人的世界展翅飞翔。

如果说青年期可以类比为蝴蝶的成虫期，那么青春期就相当于蝴蝶的蛹期，需要有人在旁默默守护。

可能各位家长的孩子还小，但是我希望大家先了解这个过程，明白孩子要经历以上变化才能长大成人。

第三章

蒙氏教育的核心要素
——敏感期

挖掘孩子真正的能力的关键词

1

孩子现在怎么样，看他所处的敏感期就知道了

　　我在开头部分曾提到，蒙氏教育中有一个关键词——敏感期，这是学习育儿之道过程中的一个重要知识点。

　　所谓敏感期，是指儿童出于自身发展的内在需求，在某段时间内对某些事物充满强烈的兴趣，并集中精力反复学习或尝试，从而锻炼自己各方面能力的关键时期。

事实上，蒙台梭利并不是发现敏感期的第一人。

追根溯源，最早是荷兰生物学家德·弗里斯在人类之外的生物身上发现了这一特性，并提议探索其在人类身上的适用性。后来，将这一概念运用于人类，并将之确立下来的人正是蒙台梭利。

毛毛虫刚破卵而出时，由于口器尚未发育完全，只能以柔软的树叶为食。但是，这一阶段的幼虫对阳光十分敏感，具有趋光的本能。在本能的作用下，它们会不断向着阳光充足的树顶爬去。于是，它们找到了大量适宜食用的柔软树叶，靠着啃食树叶渐渐长大。等到它们的口器发育完全，能够啃食老叶子的时候，对阳光敏感的特性就会消失。

通过上述例子我们可以发现，为了生存下去，生物在某个时期会对某种事物非常敏感。这种现象也存在于人类婴幼儿期，由此蒙台梭利将其命名为"敏感期"。

比如，当你纳闷孩子为什么出奇地安静时，一看才发现他正在一个劲儿地把纸巾从纸巾盒中抽出。其实，全世界的孩子在这一年龄段都会做同样的事。是不是很神奇？

看到这一幕的妈妈就会边抱怨"本想着孩子挺安静的，原来在这样搞破坏呢"，边拿起纸巾盒，放在孩子够不到的架子上。随之，孩子开始哭闹。这也是全世界都在上演的情景。

事实上，1~3岁的孩子随着腕骨的发育和手部骨骼的发育，逐渐能够灵活地使用手指。孩子会产生想用这双手或为了能灵活地使用这双手而进行练习的强烈冲动，即运动敏感期。这是孩子成长过程中非常重要的阶段。

在孩子的这个阶段，假设有两种家长：一种是仅仅把孩子的行为当作搞破坏而拿走纸巾盒的家长；一种是了解该行为产生的背景和重要性之后，让孩子随心所欲地抽纸巾的家长。那么，两种家长的行为所引发的结果将截然不同。

除此之外，还有一些事例：比如家长感觉背上的孩子好乖，一看才发现他把电梯的按钮都按了一遍；再比如家长认为孩子在安静地看电视，孩子却突然把电视机的音量调到了最大。面对这些情况，家长通常会忍不住训斥孩子。

但是，处于运动敏感期的孩子被强烈的冲动所驱使，看到按钮就想按。

这其实是"上天布置的作业"——"现在你要学会用手指按""现在你要学会用手指拧"，并且只有孩子自己明白。

另外，我们能毫不费力地掌握语言，也是因为经历了其中一个敏感期，即0~6岁的语言敏感期。

相比之下，如果孩子12岁后才开始学习语言，即使再努力，大多数还是会以失败告终，这是因为语言敏感期已经结束。

如何挖掘孩子的真正的能力，取决于家长对孩子成长主线的认知，即根据各个敏感期采取的相应措施。

虽然每个孩子之间都有一些差别，但是某个年龄段的孩子会进入什么样的敏感期，家长应该采取什么样的行动，以及该为孩子营造什么样的环境，等等，蒙氏教育都会提前教给大家。

现在，大家应该明白为什么说学习蒙氏教育就能学到育儿知识了吧。

为了不错过儿童敏感期，下面我将为大家逐一介绍敏感期的几个信号。

◆ 敏感期的信号一：安静

话虽如此，然而为什么孩子会安静地做某件事呢？那是因为他专注在那件事上。

孩子一旦遇到符合自己现阶段成长进程的"上天布置的作业"，就会全神贯注地进行该项活动（在蒙氏教育中称为"工作"）。

让来蒙台梭利园（采用蒙氏教育理念的幼儿园和托儿所）参观的人最吃惊的是这里的安静程度。明明聚集了10个正处在贪玩阶段的孩子，却没有一个孩子大声说话。在安静的环境中，孩子们各自埋头于不同"工作"的样子让人折服。这绝不是在老师的训斥下呈现的安静状态。

如果发现孩子正在集中精力安静地做某件事，请将这种现象理解为敏感期的信号。

◆ 敏感期的信号二：重复

敏感期的第二个信号是"重复"。当遇到适合自己成长的"工作"，孩子一定会重复好几次。

比如，费了好大劲儿拼好的拼图，一下子打乱重新来过。大家经常看到这样的景象吧！大人对此无法理解：好不容易完成了，为什么又要打乱呢？

这是因为大人玩拼图，追求的是拼完时的充实感。但对孩子来说，在这个过程中，能够灵活准确地使用双手，把碎片嵌入整体当中，这种成长更让他高兴。

因此，相比完成时的喜悦，孩子是为了确认自己的进步，不断提升准确率，才重复一件事。

这里有一个有名的小故事。

日本将棋棋手藤井聪太在蒙台梭利园曾沉迷于制作"心形背包"，即将纸相互交叉，做成背包形状。藤井每次去蒙台梭利园都会玩这个游戏，最后竟然做了100多个"心形背包"。

当发现孩子重复一项活动时，家长一定要意识到，他已经进入敏感期，并且可以快速发展自己真正的能力了。

◆ 敏感期的信号三：喜悦

大人们一定好奇为什么孩子们会在沙发上蹦来蹦去，或在路肩上一边保持平衡，一边向前走。真的有那么高兴吗？当然，大人不会做这样的事。

这是因为孩子正处在运动敏感期，他们接收到了"上天布置的作业"——"现在请提高你的平衡能力"。

如果进行顺利，会有更多的多巴胺作用于大脑的中枢神经，孩子们就会感到无法言喻的喜悦。然后，他们被这种快感激励，为了能做得更好，会重复同样的事情。

在这里，请大家回想我之前说的一句话："××期"有开始，肯定也有结束。

因此，敏感期也会结束。

过了敏感期，多巴胺的分泌会减少。所以，我们这些大人不会在沙发上蹦来蹦去。

总之，要让孩子在多巴胺分泌旺盛，处于极度快乐状态的期间，习得以后生活下去所需的各种能力。

◆ 敏感期的终极信号——"专注现象"是什么

当孩子遇到自己成长所必需的"工作"时，就会显露专注的模样。

请大家看一下文前彩插中"孩子专注时，是在培养自己真正的能力"所对应的图片。这个小女孩正在做的"工作"是用小镊子夹住黑豆，然后放进旁边的碗中。就是这样一个简单的操作，她重复了44分钟。

在这个过程中，她一言不发，即使周围的孩子开始吃便当了，她也没发觉，只是专注于手头的"工作"。我至今仍记得她完成"工作"后脸上露出的笑容，蒙台梭利称之为"能够看到内心深处的笑容"。

亚马逊创始人杰夫·贝索斯在蒙台梭利园接受教育的那段时间，经常因为过度专注，完全忽视周围发生的事情，就算换地方，也会搬着椅子移动。这一

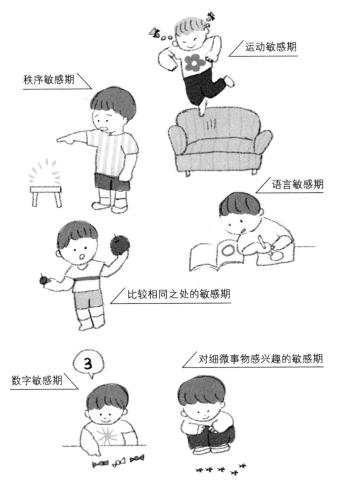

图3-1　五花八门的敏感期

阶段的"专注现象"极大地促进了他真正的能力的提升。

正如文前彩插中"儿童的敏感期"的表格所示，五花八门的敏感期会逐渐消失，但大多数敏感期都集中在"四大发展阶段"的第一个阶段，即0～6岁的婴幼儿期。

如果能够度过一段充实且有意义的敏感期，儿童就能获得今后生活所需的80%的能力。

在后文中，我将以五花八门的敏感期为关键词，带领大家了解0～6岁这一阶段。

婴幼儿期的前期和后期天差地别

　　现在请大家看一下文前彩插中"四大发展阶段"所对应的示意图，请仔细看第一阶段，即婴幼儿期。大家有什么发现吗？

　　蒙台梭利说："上天仿佛在0~3岁、3~6岁两个年龄段的孩子之间画了一条红线，界线分明。"

　　以3岁为界，孩子的成长会发生巨大的变化。然而，大部分家长在育儿过程中都不清楚这一点。

　　而知道了这一点，家长就可以愉快地观察孩子的行为，同时缓解自身在育儿过程中的焦虑情绪，最终做到游刃有余。

◆ 第一个变化是"记忆机制"

0~3岁和3~6岁的孩子在记忆方法上有很大的不同。

0~3岁的孩子的记忆方式属于无意识记忆，孩子完全不需要努力和意志力就能轻松、快速地吸收信息，并且能够形成永久记忆。

3岁以后，孩子就会和大人一样，记忆方式渐渐转向有意识记忆。

假设，现在我们坐在公园的长椅上，周围人来人往，有个要求是"接下来给你10分钟，请记住公园里所有人的样子"。在通常情况下，我们会四下扫视，"那个人穿着红衣服""这个人戴着奇怪的眼镜"，一个一个有意识地进行记忆。

0~3岁的孩子的记忆方式和大人的完全不同。前者就像对着公园拍照后再保存照片一样，瞬间记忆公园里的所有人。这一阶段所具有的惊人能力就是无意识记忆。

我们经常看到，大人和小孩玩翻相同扑克牌的游戏时通常会更容易输。这是因为大人会有意识地记住之前翻开的牌的位置；而小孩用的是无意识记忆，他们的记忆方式就像拍照，因此能轻松找到两张相同的牌。

说到有意识和无意识，大家可能觉得无意识是略逊一筹的，但正因为有了无意识记忆，我们才能获得

图3-2　小孩能轻松找到两张相同的牌

生活至今的能力。

在前文我也曾提到，以学习语言为例，0~3岁的孩子可以自然记住自己所接触的语言，存储到大脑中；3岁时，基本已经可以随心所欲地讲话。

此外，我们不记得3岁以前的事情，也是因为那时候的记忆是无意识记忆。

有一句话叫"3岁看大，7岁看老"。

因此，在孩子的婴幼儿期，建议各位家长让孩子接触各种各样的、尽可能真实的东西，他们会在无意间不断学习。

但是，有一点必须注意：正因为是无意识的，所以孩子对事物没有好与坏的判断，好事和坏事都会不断被吸收。

所以，作为家长必须注意措辞等，给孩子营造良好的环境。

另外，需要说明的是：孩子的记忆方式的改变不是以3岁生日为界，突然以无意识记忆变为有意识记忆；如图3-3所示，使用两种记忆方式频率所占的比例逐渐发生变化，3岁时正好各占一半左右。

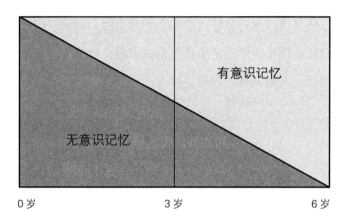

图3-3　发生在儿童身上的记忆变化

大家看过《我的首个任务》这个节目吗？

节目中有这样一个场景——妈妈拜托3岁的小孩去跑腿，说："今天要做咖喱，你去商店买猪肉、土豆、胡萝卜回来吧。"孩子最开始不情愿，后来还是开心地答应下来。但是，孩子到商店之后却挠头："要买什么来着？"这是因为3岁的孩子无法充分调动有意识记忆。如果以电脑类比，就是瞬时记忆的存储功能还不能完全为己所用。

在拜托3岁左右的孩子帮忙时，如果嘱咐给两到三件事物，他就会通过念出来的方式努力记忆。家长只要掌握了孩子记忆变化的相关内容，就能以轻松愉快的心态帮助孩子增强记忆力。

3

養育婴幼儿期的孩子，
家长要掌握的要点

　　接下来，我们一起看看婴幼儿前期的要点吧。共
有三个：①行走，②使用手指，③给孩子听母语。

　　人类的进化是从直立行走开始的。能用双脚直立
行走之后，才能实现向更高阶的进化，即自如地使用
手指。在直立行走之后，本来笔直的食道弯曲，空间
拓展，形成了咽腔这个膨胀的空间。于是，人类具备
了自由说话的能力。

行走、使用手指、说话，模仿这个进化过程，让婴幼儿期的孩子度过一段充实的时光，正是家长要掌握的要点。

①行走。

处于从0岁开始的运动敏感期的孩子，经历爬、扶立、行走的过程，以惊人的速度成长起来。

但是，这里必须注意的是，孩子并不是越早学会行走越好。

日本有句谚语："爬了望站，站了望走，天下父母心。"所以我很理解大家的心情。但是，蒙台梭利曾说："能否顺利进入下一阶段取决于前一阶段是否扎实地收尾。"

家长应重视孩子的每一个小阶段，不要让他跳级。

具体来说，孩子为了能够稳健地行走，前一阶段要做很多爬行的练习。当孩子进入行走敏感期，即孩子沉迷于行走的快乐时，就让他尽情地走。当行走敏感期结束后，孩子即使行走也不会分泌多巴胺了。

以前没有婴儿车，所以一般孩子学会站立后就会试着行走。但是，现在有很多性能超强的婴儿车，甚至有家长炫耀："这辆婴儿车，孩子用到6岁都没问题。"

如果将已经进入行走敏感期，想要感受到行走快乐的孩子束缚在婴儿车上，会发生什么呢？运动敏感期结束后，孩子会懒得行走。这个分界一般出现在小学一年级前后。到了这个年龄，只剩有意识记忆，孩子就会和大人一样优先考虑效率和精力，不再愿意走路了。

我的沙龙在6楼，大家来的时候都会乘坐电梯。但是，回去的时候，大部分孩子都会说"想走楼梯"。家长则一脸为难（笑），以"今天风很大"或"爸爸（妈妈）在下面等着我们"等理由哄孩子乘坐电梯，孩子却不怎么听话。

我们大人只会理性思考哪种移动方式快、省劲、安全、高效。相比之下，这个时期的孩子是"为了走而走"。

一生中，人只在运动敏感期阶段会竭尽全力去拼。强制让孩子走路和在孩子喜欢走路、享受走路快感、自愿行走时放手让他走路，这两种方式哪种更令孩子感到快乐呢？当然是后者。以后一种方式利用好0~6岁孩子的敏感期更为明智。

走路还能带给孩子一个好处：人类能够直立行走后解放了双手，双手自由后，手部发育，之后我们的大脑也逐渐发达。

许多人错误地认为是大脑的发育使得手指可以自由活动，但情况正好相反。

让孩子变聪明的最佳途径是多走路，强壮体魄。通过稳定的站立，锻炼手指自由活动的能力，大脑

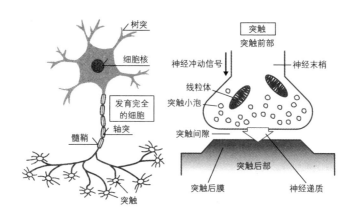

图3-4　神经细胞与突触

也会随之发育！因而要让孩子扎实地走好这一步。

各个敏感期是一生只有一次的美好而重要的时期。早期教育一味向孩子灌输知识是大错特错的，多走路才是关键。

②**使用手指**。

相比之前用所有手指抓东西，进入运动敏感期之后，孩子开始使用拇指、食指和中指3根手指来抓东西。从大脑发育角度来看，这是孩子成长的重要阶段。因为用3根手指捏的动作能够刺激大脑。

随着孩子大脑中神经细胞的生长，神经回路变得越来越密集，脑内的传输效率也越来越高，即孩子变得聪明。

神经细胞通过突触连接在一起，形成复杂的神经回路。从图3-5中可以看出，人类前额皮层的突触密度在2～3岁迅速增加并进入巅峰，5岁左右迎来分水岭，之后开始下降。这正好与敏感期相吻合！

经常传导刺激信号的神经突触会越来越灵敏，反之则会迟缓。

因此有必要在突触密度增加的时期给予大脑更多

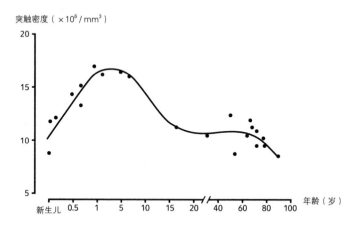

突触密度（×10⁶/mm³）

图3-5　人类前额皮层的突触密度发展变化

的刺激。

　　那么，孩子的神经细胞什么时候最活跃呢？那就是手眼并用的时候。

　　正如蒙台梭利所说："3根手指造就一个聪明的大脑。"3根手指的使用能刺激大脑。所以，如果想培养一个聪明的孩子，多锻炼他使用手指吧。

　　让我们再看看文前彩插中正在用镊子夹黑豆的女孩。

　　请注意她的眼睛。她的眼神是不是很专注？

她的大脑中究竟在发生什么？

"啊，这里有黑豆！"

"试着用镊子夹一下吧。"

"试试这样动动手指吧。"

在尝试的过程中，眼睛看到的信息会在突触中完成电信号→化学信号→电信号的转换，然后穿过像茎一样的长长的神经纤维。

这样，传递过数百万次信号的神经细胞更加粗壮，在髓鞘（包在神经元轴突表面的一层脂蛋白鞘）的保护下，传输效率提高，遗漏信号的情况也越来越少。

以上，正是让孩子拥有聪明脑袋的原理。

总之，多走路，努力学着站稳，使用手指，对孩子的大脑大有裨益。

③给孩子听母语。

如果家长的母语是汉语，孩子自然能学会汉语；如果家长的母语是英语，孩子自然能学会英语。我们之所以能够自然掌握所处的环境所需的语言，得益于0~3岁的无意识记忆。

与进入小学三年级才第一次学习英语不同，这一阶段的孩子不需要费力学习，就能在潜移默化中学会说对应的语言。

起关键作用的是语言敏感期。这一时期从婴儿在母体内开始，一直到6岁左右结束。其间，孩子会对语言十分敏感。

0～3岁孩子的记忆方式是无意识记忆，这个时期的孩子会把所有眼睛看到的和耳朵听到的信息统统装进大脑中。

学习语言类似于学习"绝对音感"，在听觉发育的0～6岁之间（听觉敏感期）必须接受适当的训练，否则一生都无法掌握这一能力。

一些家长认为"反正还什么都不懂，和他说话也没用"，所以不和这一时期的孩子说话；而另一些家长通过蒙氏教育认识了语言敏感期，意识到"这个时期的孩子具备无意识记忆的能力，什么都可以吸收，我们要多和孩子说话"。前者和后者会导致孩子掌握的词汇量悬殊。

因此，一定要用优美的语言来"浇灌"孩子，并且尽量多给孩子看真实的事物。

拿动物来说，看真实的动物和看卡通化的图片，对孩子感受性的培养效果是天差地别的。

软软的毛、刺鼻的味道等，在和真实的动物接触的过程中，才能刺激孩子的多种感官。

经常听到有家长说："我家孩子一直说不出话……"

这种时候，我会这样回答："孩子正在往自己的'桶'里蓄'水'。您家孩子的'桶'相对较大，需要放入更多的'水'。当'水'自己从'桶'里溢出来时，孩子就会迎来语言的爆发期。"

和孩子说话的时候，一定要发音清晰、用词准确、语速缓慢。耐心地和孩子说话时，最好让他看着你的嘴型。这里推荐大家给孩子读图画书。

孩子很擅长模仿，所以听家长说话时看家长嘴巴的动作，就可以记住准确的发音。

但是，这一时期孩子的声带还没有发育完全，口腔周围的肌肉也不发达，有时无法准确地发音。

例如，孩子将"椅子（zi）"说成"椅思（si）"。家长如果强行纠正，就会让孩子反感发音。所以，

图3-6　巧妙纠正孩子的发音

这时候家长可以在肯定孩子——"对，就是'椅子（zi）'"的同时，向其清楚地展示自己的口型。

◆ **有效巩固语言基础的三个阶段练习**

　　为了帮助孩子打好语言基础，家长教授词语时，要在逐个展示苹果、葡萄等图片的同时告诉孩子名称。这样，孩子看到的东西和对应的名称会不断地进入他的大脑。

以上活动是在为即将到来的"物名统一"阶段做准备。

在这里，家长很容易做一件事——立刻要求孩子进行语言输出，忍不住问孩子"这是什么"等来考验孩子的记忆力。当孩子回答不出来时，家长就会抱怨："不是告诉你叫苹果了吗？苹果，苹果，苹果。"这样一来，孩子也会厌烦吧？

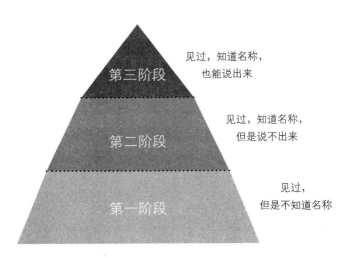

图3-7　语言的三大阶段

请看图3-7，最上面的小三角形部分，代表家长能说出的部分，即"见过，知道名称，也能说出来"，属于语言的第三阶段。

但孩子在大多数时候是无法达到这一阶段的。占比最多的是最下面的第一阶段，即"见过，但是不知道名称"。

第二阶段是家长最难注意到的，即"见过，知道名称，但是说不出来"。孩子们经常会出现这种现象。

那么，到底怎样才能顺利地巩固孩子的语言基础呢？

家长可以问孩子："哪个是苹果？"

孩子会马上用手指着苹果。这是因为他们即使说不出来，也知道该物体是苹果。

家长也可以对孩子说："宝贝，请给我苹果。"

孩子就会拿苹果给家长。

这就是在不伤害孩子自尊心的基础上，提高语言能力的方法。

不要着急，慢慢地和孩子交流。当觉得时机成熟

时，你再尝试问孩子"这是什么"吧。如果能说出
"苹果"，孩子自己也会非常开心的。

这里的要点就在于知道语言发展有三个阶段，不
急于考验孩子"这是什么"。

◆ 说"汪汪""喵喵"应该说到什么时候

如果根据月龄，觉得孩子成长缓慢的话，一般是
因为家长对待孩子的方法过于幼稚。特别是爸爸！因
为爸爸和孩子接触的频率较低，容易一直把孩子当成
婴儿。

在开始说话的初期阶段，孩子会说"汪汪""喵
喵"等，非常可爱，作为家长会感到很幸福。但是如
果一直迁就他们的说法，不仅训练不到其发音的能
力，还会导致其智力发育变慢。

到了3岁左右，如果孩子说："爸爸（妈妈），嘀
嘀（用汽车喇叭声来代替汽车）来了。"家长就要纠
正他说："是的，汽车来了。"

重要的是，随着孩子的成长，家长也要做出
改变。

◆ 想让孩子变成"双语人"，英语该怎么教

当今时代，不仅是母语，英语也很重要。那么，怎样才能让孩子学好英语呢？这也是近来被频繁问到的问题。

学会英语与语言敏感期和听觉敏感期有关。二者都是截止到6岁左右，有效方法就是在6岁之前让孩子听英语母语者的发音。

这两个时期结束之后，孩子会具备将母语以外的语言判定为噪声，从而将其排除在外的能力。

我们到国外，走在语言不通的国家时，应该有过这样的经历吧：突然传来"啊，明白了，听到了"的说话声，仔细一听，并不是这个国家的语言，而是我们的母语。这是因为，我们能够轻易辨别自己的母语，而其他的语言在我们听来都变成了杂音。

具备这一能力后，学习外语的难度也会骤然增加。如果在6岁之前没有听过英语中"L"和"R"的不同，之后也很难区别二者。

所以，如果想把孩子培养成"双语人"，就必须让他在0~6岁的阶段学习英语。但是，同时学习两

种语言也存在弊端。家长们要先认识到，如果孩子没有扎实的母语基础，他学到的语言就会变成"大杂烩"，导致母语的学习进度也被延误。

另外，这个时期是孩子渴望说母语的敏感期，用母语进行表达的欲望非常强烈。如果将孩子置于只说英语的环境中，会引起他的抵抗情绪，导致事情变得棘手，有些孩子别说学英语了，甚至连母语也学不会了。

对此，我推荐的方案是从 0 岁开始，每天就给孩子听 15 分钟左右的英语音频，歌曲也可以，且最好能固定时间段。

相比视频，单纯的音频更能调动听觉神经。这一阶段绝对不要贪多！因为是处于听觉敏感期，所以只要培养孩子的听力就可以，不要追求输出。

只要想着"孩子在听呢"，播放音频就可以了。无意识记忆一定会帮助孩子吸收相关内容。

在孩子 4 岁以后，家长认为"我家孩子的母语语法总算有一定基础了"后，再开始让孩子学习英语，要求其进行输出。

如果能把孩子送进只使用英语的幼儿园或托儿所，英语学习就可以交给学校；在家则让孩子多读、多听母语，有意识地和他们用母语交流。

"要用教英语的1.5倍的热情和孩子说母语。"这样，孩子就能同时掌握两种语言。这也是6岁之前孩子的卓越能力。

4

0～4岁，令人难以理解的秩序敏感期

我的沙龙里有一个2岁半的孩子，经常和妈妈一起来。一天，她和爸爸一起来了。好不容易到了，孩子却在大楼的入口处大哭起来，爸爸在一旁不知所措。这种事情经常发生。

那个孩子大哭的理由是爸爸按了大楼门铃的按钮。

家长可能会觉得无法理解，但是这个孩子的心里

可能在想"一直是我来按的，今天却被爸爸按了"。因为事物的顺序被打乱而引发的悲伤和愤怒无法平息，这是由于孩子处于秩序敏感期。

我拉住了正要回去的爸爸，告诉他还是像往常一样让孩子按门铃。孩子按了之后，瞬间像往常一样进了沙龙。爸爸则一脸疑惑。但如果是了解过秩序敏感期的家长，就能理解孩子的这一行为。

孩子刚出生时对这个世界一无所知，所以会通过社会的结构、地点、顺序来了解周围事物。

因此，会有秩序敏感期，即要求一直以来习惯的做法、习惯的地方、习惯的顺序等都不能轻易改变。

这一敏感期从孩子刚出生就存在，2~3岁时会达到高峰。这是家长最难理解、最棘手的现象。

为什么那么讲究顺序？是因为当出现不符合自己记忆规则的状态时，孩子的情绪会非常低落。

具体来说，我们是通过有意识记忆来记忆事物的，而3岁以前的孩子，则是通过无意识记忆来记住事物的。

就像是用照相机拍照一样，孩子将所有场景投映在脑海中。所以即使是昨天在右边的东西，今天到了左边这样的事，在他们看来也非常严重。

好不容易建立起来的秩序被打乱会让孩子很不适应，甚至突然难过。

我也有过类似经历。朋友去买东西，把2岁半的女儿留在家让我照看，其间孩子在纸尿裤里大便了。

我快速把孩子的屁股擦干净，换上新的纸尿裤，然后把沾有大便的纸尿裤团成一团扔进了厨房的垃圾箱里。当我回来的时候，那个孩子正号啕大哭。她敲着马桶，哭得满脸通红，完全没有给我交流的余地。

我想也许是秩序敏感期的原因吧，于是把扔掉的纸尿裤捡了回来。在我打开纸尿裤时，孩子手指着马桶告诉我扔进这里，我把大便扔进马桶冲走后，孩子立刻说："拜拜！"这一个动作让她的心情突然变好了。

在上面的故事中，正是因为我了解秩序敏感期，才能那么快解决问题。

刚才的大楼门铃也同理，妈妈每天都和孩子在一起，所以知道孩子独有的习惯和讲究。偶尔把孩子交给爸爸或者祖父母等人时，遇到孩子独有的习惯和讲究，他们就会惊慌失措……

所以在把孩子交给别人的时候，家长要告诉对方自己孩子的特殊讲究。

在"秩序敏感期"这个话题中，我希望大家了解的三个关键词是"顺序""习惯""场所"。只要知道这三个词就可以轻松很多了。

◆ 关键词一：顺序

有很多孩子对每天穿衣的顺序很有要求。先穿袜子，而且要先穿右脚。如果家长给他从左脚穿起，他就会不高兴。再加上孩子进入运动敏感期后，自己动手的欲望愈加强烈，穿衣这件事就更麻烦了。

"哪边不都一样吗？"这是大人的说法。

"这是我自己学会的！有固定的顺序，不是随便都行。"这是孩子的说法。

那么，我们该怎么做呢？让我们停下来，仔细观察一下孩子吧。孩子应该自己走向下一步，但他们的速度要比大人的慢得多。他们如果通过自己的力量，从右脚开始穿上袜子，会感到非常满足。

孩子们没有"要快点"这样的意识，也没有非得赶时间的理由。

如果真的着急时应该怎么办呢？

那就多问一句："妈妈可以帮你吗？"

如果孩子答应了，那他即使嘴上说着不愿意，可能也会稍稍提速。

希望各位家长明白，对顺序的讲究可以培养孩子真正的能力，即自己安排、自己决定顺序、自己分阶段完成的能力。

◆ 关键词二：习惯

平时散步都是走绿化带的右侧，透过墙上的洞看院子里的狗，接下来在桥上看鱼。但今天赶时间，刚想抄近路，孩子便号啕大哭，躺在地上怎么也不肯走，非要看院子里的狗。

"每天都一样，今天不能变一下吗？"这是家长的说法。

"既然每天都一样，今天也一定要看。"这是孩子对于习惯的坚持。

对处于秩序敏感期的孩子来说，他们通过自己养成的习惯来理解社会，一如既往能让他们非常开心。

作为家长，我们能做的就是仔细观察孩子有哪些习惯，并予以尊重。因此，改变计划一定要谨慎。

另外，还需要注意不要让无法坚持下去的事情变成习惯。家长因为某事而要求今天特殊对待，只会让孩子感到困惑。因此，家长保持一致非常重要。

◆ 关键词三：地点

"一成不变能够让我心情愉悦"不仅体现在对顺序和习惯的讲究，也体现在对地点的讲究。在我的沙龙里，教具变换了位置或增加了新教具，总会很快被孩子们发现。

处于秩序敏感期的孩子，会因前一天在右边的东西今天出现在左边这样的小事而不高兴。

即使是在家吃饭，爸爸和妈妈的座位也是固定的。坐错位子或客人想坐在爸爸妈妈的座位上等情况，都会引得孩子大闹一场。

　　这时，家长应该尝试向孩子解释："虽然这是××的座位，但今天让客人坐一下，好吗？"

　　需要注意的是，儿童对地点等秩序的敏感程度是成年人的几十倍。所以，希望各位家长记住，搬家和大规模重新布置房间要谨慎。否则，很可能会让孩子感到不安。

专栏 从捉迷藏游戏中看到的秩序敏感期

在沙龙里，孩子们正在快乐地玩捉迷藏。

"好了吗？""好了！""我找到你了。"

仔细一看，孩子们很多次都躲在同一个地方，被找到还是一样高兴。

"也加老师一个吧。"然后，我躲到孩子们完全没想到的地方。结果孩子们生气地说："爸爸老师（他们这么称呼我），你不能躲在不一样的地方！"

对处于秩序敏感期的孩子们来说，同一个东西在一直习惯的地方就能让他们非常开心。

在那些被称为经典之作的图画书里，一定会不断重复基本模式。正如"前定和谐"理论所说，相同的节奏能让孩子开心。

图3-8　捉迷藏

5

孩子号啕大哭的三种原因

　　家长初次育儿一定会有很多不懂的事情。孩子大哭时，家长经常手足无措。面对这种情况，了解以下内容一定会有所收获。如果您不知道孩子哭泣的原因，可以尝试从以下三点考虑：

　　①因没能自己做而大哭。

　　②因秩序被打乱而大哭。

　　③因叛逆期的影响而大哭。

　　接下来我们逐个来看看吧。

①因没能自己做而大哭。

当孩子大哭时，首先要怀疑的原因是：孩子本来想自己动手。

处于运动敏感期的孩子正在学习独立生存的必要动作，在完成"上天布置的作业"的过程中，他们的动作变得越来越熟练。不管是什么原因，如果因为家长，手上动作被打断会怎么样？当然会强烈地反抗！

前几天，有个小孩在努力地爬车站的台阶，一定是因为着急吧，妈妈突然把孩子一把抱起来，说："走吧。"然后迈开步子往上爬。不出所料，那个孩子弯腰挣扎，差点掉下去，哭得很伤心。

自己一步一步爬楼梯可以促进多巴胺的释放，但是这种快乐突然被剥夺，不难理解他会通过大哭来反抗。

我知道妈妈也很忙，但如果问一句"我能抱你吗？"，孩子可能就不会这样。如果孩子答应，那就是他自己的选择，肯定不会反抗。

有的家长可能会说："我可没办法不慌不忙地说出那样的话。"

但是，在这个阶段，孩子真正的能力正在发展。通过爬楼梯，他的身体日益强壮，手指也可以自由活动，大量的活动能够促进他的大脑快速发育。如果从这个角度想，慢下来守护孩子成长不是更好吗？

而且，根据我的经验，在这种情况下反抗越激烈的孩子，成长得越快。

前几天有位爸爸说："我刚伸出手，孩子'啪'一下甩开了我的手，现在就这么横，真担心他的将来。"

我回答："您家孩子将来一定前途大好。"

那位父亲却有些怅然若失。

被打断的孩子甩开父亲的手，通过大哭来抵抗，足以看出他独立完成活动的强烈意愿，对于新事物他也会主动去挑战。因此，他将来会有无限可能。

这里想告诉大家一件可怕的事。

即使是上面这样甩开家长的手，用大哭来反抗的孩子，如果家长一直剥夺其独立做事的机会或打断他，他最后也会变成一个不反抗的孩子。

这也就是我们说的"接受型孩子"。孩子自己不会选择，无法专注，不会重复，即使被剥夺权利也不会反抗。我不否认，这样的孩子在准备幼儿园和小学入学考试时会显现一定优势。但是，包括学习才艺的安排在内，如果将孩子的日程安排得过于紧张，让他处于被迫充实的状态中，长此以往，就会出现越来越多的问题。

更危险的是，家长却把这种"接受型孩子"看作"好孩子"。

因此，我们作为家长，要预先掌握关于孩子自然成长的正确知识。

②因秩序被打乱而大哭。

前文讲过，孩子刚出生时对这个世界一无所知，他们是通过确立秩序来渐渐了解社会结构的。这一阶段，孩子凭借的是我们成人已经失去的无意识记忆。这是一种惊人的能力，就像拍照一样，一瞬间抓住信息记忆。因为是通过图像来记忆的，所以如果改变了秩序，记忆的内容就会变得非常混乱，就会导致孩子情绪低落。

一般来说，这种因为秩序被打乱而大哭的情况是最难理解的。但是，对于具有强烈执念的孩子，家长一定要掌握我之前所介绍的三个关键词："顺序""习惯""地点"。这样一来，家长不用焦虑，孩子也能茁壮成长。

③因叛逆期的影响而大哭。

无论什么事都说"我不，我不"。如果说不出来，就干脆以扔东西、敲东西的方式表达不满，这就是孩子进入第一次叛逆期的迹象。有的孩子会在2岁左右就进入该阶段。

我们如果将这样的现象简单地认定为孩子在使小性子，而加以责骂，会怎么样呢？

各位家长要明白，处于这一阶段的孩子渐渐具备了表达能力，他们其实是在试探自己表达的不满是否管用。

家长生气地说"你够了"，是解决不了问题的。正确的做法是，要以坚决的态度告诉孩子表达不满的明确界限——哪些事情可以做，哪些事情不能做。孩子也能以此学习、记忆社会规则。

"叛逆期"既然是"××期"，一定会有开始和结束。

如果认识到每个孩子都会有这样的阶段，这一时期终会过去，那么家长的焦躁情绪就会缓解很多吧！

像这样，当孩子因不明原因大哭时，一定要冷静看待。想想我们学过的内容：

①是家长剥夺了孩子独立做事的机会吗？

②是因为秩序被打乱了吗？

③是单纯因为进入叛逆期了吗？

学会分析后，心情也会放松下来。

专栏 让孩子安心的小被窝
——婴儿垫

　　宝宝喜欢保持一致。如果破坏了无意识记忆的状态，他会不开心。爸爸抱的时候，宝宝会因为气味以及拥抱的感觉和妈妈的不一样而大哭，爸爸则大受打击。这时，如果给孩子用上基于蒙氏教育理念制作的婴儿垫（参见文前彩插中"能让婴儿停止哭泣的神奇婴儿垫"所对应的图片），就会有不可思议的效果。

　　婴儿垫上有妈妈的味道，像被子一样柔软亲肤，摸起来也和平常一样。这样就能让宝宝安心。

当把宝宝交给爷爷、奶奶、保姆或其他人照顾的时候，用婴儿垫包起来，宝宝哭的次数会减少。这是满足处于秩序敏感期宝宝需求的好物。

6

0～3岁，婴幼儿前期
——对细微事物感兴趣的敏感期

了解了敏感期的相关内容后，会发现孩子在敏感期内专注的样子非常有趣。在对细微事物感兴趣的敏感期也是如此。

我们发现一群蚂蚁时，经常能看到旁边蹲着一个不肯离开的孩子。"好了吧？我们走吧。"妈妈一边说着，一边用力拉着孩子的手，想叫他回家。

还有一些孩子会带着鼠妇来给我们看。如果不是昆虫学家，没有哪个成年人会做这样的事。

"把这东西拿给我干吗?! 太恶心了! "如果是讨厌虫子的妈妈，很可能会责骂孩子吧?

这个时期的孩子被内心的强烈冲动驱使，喜欢看小的东西，聚焦于微小事物。

胎儿从在妈妈肚子里开始，就在练习各种能力，为出生做准备。但唯一无法实现的就是训练"看"的能力，因为肚子里一片漆黑。

刚出生的宝宝视力很差，视线距离大概是30厘米，就连给自己喂奶的妈妈也看得很模糊。

自从出生后，孩子就会努力练习"看"。把焦点放在蚂蚁和鼠妇这样小小的、动作细微的事物上，就是练习"看"的方式之一。当孩子能看清楚的时候，大脑会分泌大量的多巴胺，使孩子产生"我做到了"的想法。

此外，当处于运动敏感期的孩子能用3根手指抓住微小物体时，他会非常开心，并从中培养自信心；而在大人身上很少能看到这种喜悦。

细微事物敏感期非常短暂，大概是从1岁到3岁。

所以，请珍惜孩子在这一时期的敏锐观察力。

请用"你看得真清楚""你拿得真稳呢"这样的话给予孩子认同。如此，孩子真正的能力会快速发展。

孩子的能力是否发展与家长是否知道孩子当前对什么感兴趣以及孩子成功时家长是否及时给予认同有很大关系。

专栏 出生后就能进行的 穆纳里吊铃视力训练

　　因为妈妈的肚子里是漆黑的，所以刚出生的宝宝眼睛无法聚焦。这里我推荐使用穆纳里吊铃，这是根据蒙台梭利教育理念而制作的吊铃。对于刚开始只能辨认黑白、尚未具备动态视力的宝宝来说，把吊铃吊在他能看到的地方即可。微风吹过，吊铃的摇摆程度刚刚好。宝宝会努力看它，以此训练视力。

　　穆纳里吊铃的制作方法非常简单，各位家长一定要尝试一下。

宝宝第一次看到的东西，是爸爸妈妈亲手制作的吊铃，这是一件多么美好的事情。

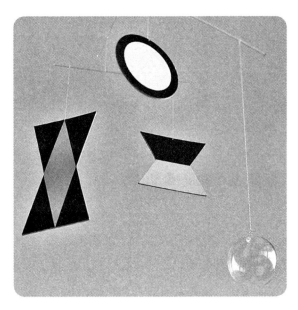

图3-9　穆纳里吊铃

7

在家随时随地可以做到
——环境营造法

蒙氏教育提出，孩子可以通过自己的能力来培养自己，即"自我教育能力"。与其直接帮助孩子，不如鼓励他学会独立和自律。

成年人能给予的最大帮助，不是包办一切，而是为孩子的成长营造一个良好的环境。在环境适宜的条件下，孩子就可以自在地成长。

我们蒙台梭利老师有一套"蒙台梭利老师的心

得"。第一条就是"完善环境"。

在蒙台梭利园，孩子是主角，这是孩子们可以自由活动的最佳环境。普通家庭虽然不可能完美复制，但也有可行的方法。接下来为大家介绍几个方法。

◆ 关注孩子的目光

重要的是为孩子当前及下一阶段的成长营造良好的环境。具体来说，现在孩子会趴下了，下一阶段就是向前爬行，家长需要检查一下环境是否适合爬行：有什么会让孩子在爬行时受伤的东西吗？另外，有什么存在被误食的危险的东西吗？如果有的话，要排除隐患，并且在爬行的终点放置玩具作为目标。

会爬行之后，下一步就是扶站和扶走。

准备高度合适，且施加重量也不会倒的椅子或凳子，以便扶站。孩子站起来后，视线会上升，这时可以在变化后的高度上放置孩子感兴趣的玩具。同时，孩子站起来后，伸手就能够到一定的高度，所以一定要把危险物品和不希望孩子触碰的物品归置到安全的地方。

　　玩具一定要能吸引孩子的注意，且尽可能少放。最好是把两种不同的玩具放在一个架子上。

　　这样做可以引导孩子进行选择。如果将所有玩具都堆在一个桶里，孩子就没办法自己选择了。

　　让孩子进行二选一，是培养他们自主决策能力的有效途径。习惯了家长给什么就接受什么的孩子和总是自己做出选择的孩子，之后的成长空间完全不同。

　　利用家居中心出售的彩盒，也可以在家建起一个"蒙台梭利角"。我的沙龙就像一个陈列室，帮助家长在家重现这样的环境。

　　特别是这里陈列了各种各样的教具，能用在0～3岁孩子的房间里，帮助他们练习握、捏、拉、扭等手指活动。

◆ 活用孩子可以拿的托盘

　　在蒙台梭利园，孩子选择教具后，要用托盘将之端到桌子上。在家里，各位家长也务必准备一个适合孩子使用的托盘。有了托盘，孩子应该会很开心地帮家人摆放饭菜等。

此外，学会走路的孩子接下来会专注于拿着东西走路。这时，托盘也能发挥大作用。

图3-10　正在使用托盘的孩子

◆ 环境是否允许孩子自己收拾

在蒙台梭利园，孩子选择某个教具，尽情地玩耍，然后把教具放回原来的地方，这才是一个完整的过程。即使是第一次来体验的孩子，家长都会大吃一惊："孩子在家里根本不收拾东西。"

遇到这种情况，我会问家长："您家里的环境能否让孩子自己收拾呢？"在我的沙龙里，用于收纳的柜子里贴着对应教具的照片。即使是第一次来沙龙的孩子，也不会因为不知道玩具在哪里而迷茫。

只要环境井井有条，处于秩序敏感期的孩子就
会觉得"不把东西放在和往常一样的地方就会不舒

▲ 使用从家居中心采购的收纳柜

◀ 改造垫脚踏板，
就可以让孩子
独立上厕所

图3-11　家里能做到的环境改造

服"，因此他们会主动地、快乐地收拾玩具。

◆ 环境是否耽误了孩子的成长

一位2岁孩子的家长来向我咨询。

"我家孩子不走路也不说话，正常吗？"从发育角度来看，确实略有些慢。

于是我进行了家访，很快就明白了原因。客厅漂亮宽敞、一尘不染，而且什么都没有。

虽然把所有危险的东西都收起来是件好事，但是没有辅助孩子站立的工具，从环境角度来看，不适合孩子学习扶站。加之目力所及之处没有任何孩子想要的东西，所以对孩子来说没有站起来的必要。

我看到孩子正在和家里的宠物斗牛犬一起开心地在地上爬，这样下去肯定不行，就说："我们把家里改造一下吧。"

然后，我们进行了如下改造：

首先，放了一个高度正好的架子，帮助孩子扶站。然后，试着把许多物品放在孩子站起来容易拿到的位置。孩子很快就站了起来。

图3-12　有了垫脚凳，孩子也可以自己盛饭

　　在孩子享受站立喜悦的阶段，却没有为其营造想站起来的环境。由于站立起来的时间晚，手指没有得到充分练习，整个发育过程便都被耽误了。

在很多情况下，我们没有意识到我们创造的环境延误了孩子的成长。

因此，一定要检查环境是否适合孩子成长。

8

最重要的环境营造者是大人

在孩子成长的过程中，最重要的环境是由陪在他周围的家人和老师营造的。

孩子是模仿的天才。人类的大脑中有一类名为镜像神经元的神经细胞，它们像镜子一样反射他人的动作，从而读取他人的想法、模仿学习和辅助交流。孩子3岁之前，这种神经细胞非常活跃。

我们经常看到孩子像大人那样遣词造句，或者直接将家长的口头禅用于交流。这正对应了这一时期的特征。

孩子的模仿行为，是通过无意识记忆来辅助实现的。不过，无意识记忆有一个可怕的缺点，那就是不会判断对与错，只会全盘吸收。

这一时期，孩子沉浸在模仿的快乐中，所以家长和老师一定要给孩子展示正确、优雅的言行举止。

家长还要注意两件事：一是不要教给孩子太多的东西，二是不要在价值观、方向性等问题上产生分歧。"妈妈说不行，但是爸爸说可以"之类的分歧会让孩子感到困惑。请家长务必重新确认一下家庭的价值观。

家长要认识到自己会被孩子观察和模仿，所以要做一个能带给孩子正面影响的家长。

9

3~6岁，婴幼儿后期
——理性萌芽，感觉敏感期

在0~3岁时，孩子会通过无意识记忆吸收所有看到的、触摸到的、听到的、品尝到的、闻到的信息。

这就像是将各种信息随意扔进了一个大桶里。

3岁之后，孩子会产生一种强烈的冲动，使用和成年人一样的记忆方式——有意识记忆，来整理这些庞杂的信息。从这时起，感觉敏感期的特征便在孩子身上显露，它能辅助孩子整理信息，并促使孩子生出"想要清晰、彻底地理解"的理性萌芽。

感觉敏感期有三个阶段。家长了解之后，再去观察这一时期的孩子，就能发现其中的趣味，并感慨人类的成长过程。

顺便说一句，我最喜欢观察这一时期的孩子。希望大家也不要错过这个宝贵的阶段。

◆ 感觉敏感期第一阶段：同一性

如果3岁左右的孩子开始关注"同一（一致）性"，就意味着他进入了感觉敏感期。

这一阶段的孩子逐渐能够利用自己的五官来分辨颜色、形状、声音和气味。

他会反复说"一样的"，家长可能懒得回答，但这是丰富孩子知识储备的最好时机。

当孩子说"一样的"时，家长可以在对话中适当加入其他知识。比如：当孩子指着一个黄颜色的东西说"一样的"时，家长可以回答："它和向日葵一样是黄颜色的。向日葵在夏天盛开，因为它会随着太阳

图3-13 孩子开始关注同一性

转动，所以叫向日葵。"如此，在享受亲子交流的同时，还能增加孩子的知识储备。

"一样的"不仅表现在语言上。你觉得孩子很安静时，一看才发现孩子把同样大小和颜色的迷你车排列整齐，正出神地看着。这也是"一样的"，即同一性觉醒的标志。

◆ 感觉敏感期第二阶段：比较

在热衷于寻找"相同"的热情消减之后，比较期就开始了。这一时期的孩子喜欢比较高度、大小、重量、分贝等，并执着于事物之间的差距。比如把积木、玩偶等按高度摆放齐整，比较哪个更大；

图3-14 越来越高了

或是双手分别拿着东西，比较哪一只手上的东西重。

这一时期的关键是用语言来表达这种比较的差异。

同时孩子也可以学会"越来越高了""这个更重"等表达方式。

这些活动，能够帮助孩子注意到这些微小的差异，并且能够让孩子运用恰当的语言表达出来，为丰富的人生打下基础。让我们借助热衷于寻找差异的敏感期，帮助孩子过上充实的人生吧！

◆ 感觉敏感期第三阶段：分类

在孩子可以比较同类事物，并注意到它们之间的差异后，就会进入第三阶段，即"想要清晰、彻底地分类"。

比如，孩子以前去公园玩一趟，回来时会把衣服口袋塞满各种各样的东西。但是当他能够理解同一性并学会比较时，他就只会把橡子装进衣服口袋；当他能够理解分类时，他就会把圆的橡子装进衣服右边的口袋，把细长的橡子装进衣服左边的口袋。

数字敏感期也会伴随着这一时期到来，孩子看到什么都想数一数。对此，家长可以尝试把不同种类的东西混在一起让孩子计数。

比如，同样是豆子，如果把黑豆、大豆、豌豆混合起来让孩子数，他就会很开心地先对豆子进行分类，再计数。

总之，利用好敏感期，孩子不仅能快乐成长，还能牢牢掌握所学的内容。

图3-15　好想分得清清楚楚

　　经过这样的阶段，孩子就会具备成年人的思考力，即"找到同一性，进行比较、分类"。

　　是将孩子这些特有的行为视为调皮捣蛋，还是视为理性的萌芽并饶有兴味地从旁守护？这两种育儿方式下培养出的孩子将天差地别。

◆ 训练五种感官

　　五官是人类生存不可缺少的"武器"。感觉敏感期是训练五种感官的重要时期。

　　视觉是五官的中心，人可以通过眼睛获得很多信息，看到实物后，在比较大小、长短、粗细的同时，还能将实物和名称对应起来。在这一阶段，家长要尽量让孩子看到更多的东西。

　　触觉是肢体或皮肤直接获得的感受。粗糙的、光滑的、温暖的、冰冷的、重的、轻的等，一边感受一边学习。

　　人在睁着眼睛时，很容易被视觉信息分散注意力。在这种情况下，可以让孩子闭上眼睛触摸，从而可以更加集中地训练触觉。

听觉自打胎儿时期就开始发育。孩子在6岁之前会经历耳部敏感期，培养分辨声音的能力。比起大人的听力，孩子的听力更有优势。比如，远处有一架客机传来轰隆隆的声音，孩子通常会比大人先分辨出这是客机。如果孩子的听力在这一阶段没有得到适当的训练，那么他以后就无法具备绝对音感。

味觉和嗅觉也是丰富人生的重要感官。在日常饮食中，家长要尽量选择优质的食材让孩子接触和品尝，从而训练他的味觉和嗅觉。

饮食教育也是家长的重要职责，这有助于孩子养成健康的饮食习惯。

通过食物感受季节，通过花的幽香感受季节，等等，让孩子积累更多的实际体验吧！

⑩

语言敏感期的语言爆发

　　正如文前彩插中"儿童的敏感期"的表格所示，在儿童0~6岁时，各种敏感期此消彼长。其中持续时间最长的是前文介绍的语言敏感期。

　　0岁之后，孩子听到的各种声音和语言都会通过无意识记忆存储起来，3岁左右会出现输出的高峰，即所谓语言爆发期。这一时期，孩子会因说话而欢欣雀跃。

　　同样在这一时期，孩子会将通过无意识记忆积累的大量事物和名称一一对应起来。

◆ 第一次提问期："这是什么？"

孩子："这是什么？"

妈妈："苹果。"

孩子："这是什么？"

妈妈："草莓。"

孩子："这是什么？"

妈妈："稍等，我一会儿告诉你。"

我能理解一直被孩子追着问"这是什么"，家长会想要逃避，但是处于这一时期的孩子很想知道自己所看到的事物的名字。当孩子知道了与事物相对应的名字时，体内就会释放引起快感和起到激励作用的多巴胺。

另外，语言敏感期和感觉敏感期有所重叠，孩子会在强烈冲动的驱使下，想要清晰、彻底地了解事物，并表达出来。

孩子几乎每天都会追着家长问问题，这确实会令家长感到厌烦，但是在这个时期，孩子能够通过提问了解并掌握很多知识，且有可能牢记一生，所以请家

图3-16　这是什么

长多点儿耐心，加以重视。

孩子的关注点一直是当下，当他因感兴趣而提问的时候，就是家长教授知识的时机，也是孩子提高语言能力的最佳时机。

借助一个略有年代感的比喻：当孩子问"这是什

么"的时候，就像是弹珠机里的投珠孔啪的一声打开，家长如果不赶快投入，等它关上的时候就再也投不进去了。

因此，在这个时候，家长不仅要回答孩子的问题，还要添加一些信息。

例如，当孩子指着独角仙问"这是什么"时，家长不仅要回答"是独角仙"，还要告诉孩子独角仙有雄性和雌性，雄性的角很大，以及独角仙身上有红棕色的光泽，会在什么样的地方化蛹，幼虫靠吃腐殖土为生，等等。

孩子可能暂时理解不了所有内容，但是这些信息已经输入他的大脑中。

对于"这是什么？"，有的家长只会回答"是花"，而有的家长则回答"这是波斯菊，在秋天开花"。

这个时候，也可以打开图鉴给孩子看。"这是郁金香，这是球茎。"边给孩子看边讲解，能够进一步拓宽孩子的视野。渐渐地，孩子就会养成自己翻阅图鉴的习惯。

虽然使用电子产品存在争议，但是当孩子们感兴

趣的时候，立即向其展示图片、视频等，是一种非常
有效的学习方法。

爷爷奶奶时间充裕，他们能耐心地回答孩子的问
题，这也是帮助孩子学习的良策。

◆ 第二次提问期："为什么？怎么会这样？"

进入感觉敏感期后，4～5岁的孩子开始对原理，
即事物的组成感兴趣。这时，孩子就会进入第二次提
问期，会不停地问"为什么？怎么会这样？"。

男孩对自然原理尤为感兴趣。"为什么火山会喷
发？""为什么岩浆是红色的？"问题一个接一个，
他们迫不及待地想要清楚地理解世界的各种规律。

这种情况到底会持续多久呢？有的家长对此感到
吃不消。但还是请各位家长多一些耐心，珍惜孩子涌
现的兴趣源泉。

"为什么呢？""我明白了。"从小学开始，这种
体验会成为孩子学习的动力之源。

从培养孩子的好奇心和积累词汇量的角度来看，
有必要认真回答孩子的问题。

图3-17 为什么

但是，没必要完美地回答孩子的每个问题。

有时可以只回答"真的，太神奇了"，将问题留下来更能引起孩子的探究欲，所以有时不给出答案也是一种有效方式。

⑪

3岁半~4岁半，好想写字！
——书写敏感期

　　想必很多家长都觉得奇怪，在0~6岁的语言敏感期中，比起"读"，"写"的敏感期竟然先到来。

　　这是因为处在运动敏感期中，孩子有活动手指的强烈愿望，这种愿望推动他们产生了"想要写字"的冲动。

　　进入幼儿园后不久，孩子之间交换信件的热潮就会来临。

　　有一天，孩子高兴地告诉我"我收到了某某的信啦"，但他手里的信上却是一些算不上文字的神秘符号。而他欢欢喜喜写出的回信也是让人看不懂的符号。

　　以上这些行为很明显都是孩子受到想要活动手指、书写文字的冲动驱使的证明。家长可以利用孩子的这种冲动教他写字，但需要注意的是，要慢慢地向他展示过程。因为这一时期也是秩序敏感期，所以家

图3-18　书写训练

长要注意最开始给孩子展示的书写顺序。如果错误的书写顺序被孩子记住了，以后再想纠正就非常困难了。

　　此外，想要正确地握住铅笔或圆珠笔，需要拇指、食指、中指联动。之前用这3根手指所做的众多训练，都是在为写出一手好字做铺垫。

⑫

4岁半～5岁半，好想读很多书！
——阅读敏感期

    继书写敏感期之后，迫切想要阅读文字的阅读敏感期来临了。孩子们会对自己熟悉的字产生强烈的反应，比如"快看，这是'英雄'的'英'"等。

    家长需要注意的是，如果孩子的阅读敏感期还没到来，千万不要用早期教育来进行灌输，这样不仅效果差，还可能会给孩子带来痛苦。

    进入阅读敏感期的孩子，很享受记忆文字的快感，所以迫切地想要阅读。在育儿的过程中，关键就是要利用好孩子的这种强烈意愿，从而提升他的能力。

蒙氏教育提倡适时教育的原因就在于此。

适时意味着家长必须在敏感期到来时意识到。可能有的家长会说"那我也没法保证啊"。请放心，有一个简单的判断方法：把所有东西都贴在墙上，比如印有动物图案和名字的海报等。对尚未进入阅读敏感期的孩子来说，即使海报近在眼前，他也不会仔细看；但是到了阅读敏感期，他会停下来，指着熟悉的字挑着读，这就是信号。

下面给大家介绍一个有趣的游戏，家长可以和孩子一起做。

准备一张长和宽各3厘米的纸，在孩子面前慢慢地写出某个字词。处于阅读敏感期的孩子，会看得津津有味。

比如家长可以写"椅子"让孩子读。然后问他："知道这个在哪里吗？"这时把透明胶带贴在字条上，让孩子拿着。孩子就会高兴地把字条贴到椅子上。

写有"墙""冰箱"等字词的字条，也让孩子去贴到对应的地方吧！

虽然家里可能到处都被孩子贴上字条，但这是一个可以读出文字、记住物品名称，还不用花钱的一举多得的游戏。

图3-19　读出物品名称再贴上字条的游戏

◆ **教给孩子正确的表达法和拜托法**

我发现有很多家长会剥夺处于阅读敏感期的孩子的说话机会，导致孩子只能说"嗯""不"，这一点家长们需要注意。

例如，当孩子想喝旁边的果汁时，看到孩子歪头，家长立刻就会问："你想喝果汁吗？"

因为家长能够大致猜到孩子要说的话，所以抢先说了出来。

还有许多家长稍微好一些，孩子说"果汁"，他们就会说"懂了，果汁是吧"，然后把果汁倒进杯子里，递给孩子。

但是，当孩子上幼儿园大班之后，可以试着这样提高孩子的对话能力。

孩子："果汁。"

家长："妈妈（爸爸）不是果汁哟。"

孩子一脸疑惑不解的表情。

家长："应该怎么说呢？"

孩子："我想喝果汁。"

家长："如果想喝该怎么办呢？"

孩子："想让你帮我倒。"

家长："那你应该说'请帮我倒果汁'，对吧？"

孩子们经常会说"想喝果汁"，却总是省略句中的助词①，因为如今家长自己说话时都会省略。家长可能会有些无奈，但是面对语言敏感期的孩子，一定要让他们听到正确的表达法和拜托法。

如果养成了剥夺孩子的说话机会的习惯，其影响会波及孩子之后的青春期。

"我知道了，你想说的就是这个吧？"

"嗯。"

如果类似以上这样的对话方式持续下去，当孩子面对人生重要抉择时，即使让他表达自己的意见，他也说不出来。

为了培养出有能力表达自己的想法和心情的孩子，家长要在语言敏感期、阅读和书写敏感期培养他们用自己的语言进行表达的能力。

---

① 日语中动宾搭配需要用助词连接。——译者注

专栏 人才新需求和蒙氏教育

随着日本高考制度的改革，有观点认为，未来将进入"考验非认知技能的时代"。

原来一直是依靠可认知的 IQ、偏差值和答题等方式来衡量人才，但随着人工智能（AI）技术的普及，未来需要具有独创性、共情能力、主动性、耐心和自信等非认知技能的人才。但这样的能力到底什么时候、怎样才能培养出来呢?

答案就是，在 0~6 岁的婴幼儿期给孩子自主选

择并坚持到底的机会，同时通过孩子和他人的交往培

养出这种能力。

从这个意义上来看，延续了100多年的蒙氏教育

在今后将更加重要。

⓭

4～6岁，就想数数！
——数字敏感期

3～6岁的婴幼儿后期，孩子会进入什么都想数、一心想数数的阶段。这个阶段就是数字敏感期。

其特点是从孩子4岁左右，上幼儿园的中班开始，来得相对较晚。

孩子们会有强烈的冲动，"想要数得清晰、彻底"。

豆子、牙签等，什么都想摆在一起数一数。千万不要忽视孩子不断读数字的行为。

　　不停地数着便当盒里的豆子的孩子，不停地读着车牌上的数字的孩子，指着日历里的数字大声读出来的孩子，他们都很开心，都在享受着读出数字的喜悦。

　　在蒙台梭利园的大班中，会利用实物学习四则运算（加法、减法、乘法、除法）。大家通常会觉得这是"在用早期教育向孩子灌输知识"。

　　然而，事实是进入数字敏感期的孩子，数数的需求就像口渴了需要喝水一样。在孩子有意愿的时候，给予适当的教育，"挖掘真正的能力"，这就是蒙氏教育提倡的适时教育。

◆ 我要数到1000

　　孩子们都喜欢大数字。

　　"我有10000个呢！""我有100000个呢！"想必现在幼儿园里也会出现孩子们这样争论的场面吧。

　　这是因为孩子对大的数字感兴趣且怀有憧憬。

　　蒙氏教育有一份叫作"1000链条"的"工作"。图3-20中的串珠是由1000颗珠子穿成的，横向拉伸可以达到10米以上。图中的孩子立刻就开始数了起来。他中途只休息了一次，数完大概花费了2.5小时。数完后的他脸上洋溢着"我能数清楚"的满足和"我做到了"的自信，并且他和我说的话我至今仍然记得：

"爸爸老师，真的有999这个数字呢。"

他会读999这个数字，也会写，但是从未实际感知过这个数字的存在，并且他还体验到了999加1变成1000的过程。

图3-20　数珠子的孩子

　　孩子们在小学二年级的数学课"比1000大的数字"里就会学到1000这个数字。但这时的1000只是教科书里的内容，孩子们通过上课只知道1后面加上3个0就是1000。只知道书本知识的孩子和通过自己的双手去感受的孩子相比，哪一个之后的发展潜力更大呢？当然是后者。

　　可能有人要说，那小学二年级时让大家都数一遍1000颗珠子不就好了。但事实是，谁都不想数。因为想要数数的数字敏感期和想要动手的运动敏感期都已经过去了。

　　至此，大家应该知道敏感期的重要性了吧。

　　像这样通过感觉来理解数字的"工作"可以培养孩子的"数学头脑"。蒙氏教育强调的"数学头脑"并不是要具备计算快、对平面图形和立体图形敏感等能力，而是"预知未来的能力"，即根据现状，判断将来的走势，从而提前做好准备的能力。同时这种能力还与分阶段思考、优化方法、持续努力息息相关。

　　据说，藤井棋手可以提前在大脑中模拟出之后的20～30步棋，这种能力正是来自"数学头脑"。"经营之神"松下幸之助也曾说过，"下象棋一动'车'就没有意义了"。我认为这种需要在大脑中建立棋谱，考虑各种可能性，最后得出结论的游戏和经营之道如出一辙。

仅凭数数相关的"工作"还不足以培养出蒙氏教育中提出的"数学头脑"。孩子可以通过帮助父母做饭，学会在开始前准备工具和食材，提前做好安排，这个过程有助于孩子思考下一步怎么办，对培养他的"数学头脑"卓有成效。

像创建谷歌、Meta（原名Facebook）这些前无古人的想法，应该也是来自幼年经过锻炼形成的"数学头脑"吧。

但是，有几点需要注意：数字敏感期开始得较晚，所以不要过早教孩子数字，也不要进行填鸭式教育。还有一点非常重要，数字的学习不能仅停留在纸面，一定要让孩子通过实物学习数数。因为孩子能从1数到10只是记住了读音，并没有和实物联系起来。孩子会数数和理解数字完全是两码事。

蒙氏教育正是通过活动，严谨地检验量、实物、数字三个概念在孩子大脑中是否已经统一。

这一时期，需要家人在数字读法上统一。如果妈妈的读法和爸爸的不一样，就会导致处于这一阶段的孩子出现混乱。比如，数字1，常规读法是"一"（yī），但在军事术语中的读法是"幺"（yāo）。

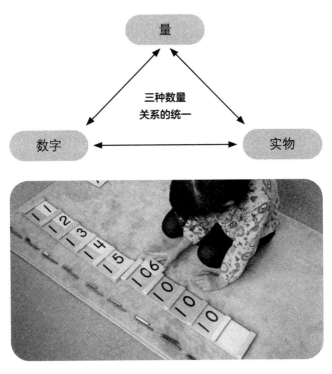

图3-21　把量和数字对应起来

虽然将来孩子们都会分清数字的各种读法，但是在初学数字时，家长还是要注意统一读法。

另外，在熟练掌握数字之前，不要加入"片、只、本、匹、头"等量词。例如，"狗有5"，只向孩子说明数字就可以了。

14

4~6岁，掌握文化、礼仪和社会规则

　　某一阶段，孩子们会觉得打招呼很有趣。他们会模仿大人之间常说的"我回来了""你回来啦""抱歉"等，并乐在其中。这种喜悦来自适应出生和成长的国家、地区以及文化和习俗的本能。

　　另外，到了4~5岁，他们能够察觉和理解别人的感受。也是从这时开始，孩子能主动说出"对不起"。

　　孩子掌握在正确的时间，说出相应问候语的能力也需要家长的示范，所以家长需要向孩子展示正

图3-22　孩子会向家长学习礼仪

确的行为。

在外出就餐时，如果家长能够说"非常好吃，多谢款待"，那么身边的孩子自然也能学会这样说。因为家长也是环境的重要组成部分。

◆ 和不同年龄的孩子互动有益于自家孩子成长

在少子老龄化的时代背景下，很多孩子都是独生子，和其他年龄的孩子接触的机会也日渐减少。蒙台梭利园的特征之一就是"纵向保育"。

相比按照大班、中班、小班横向划分的"横向保育"，从以上各班级中抽出10人组成一个班的模式称为"纵向保育"。较小的孩子可以观察较大的孩子，通过模仿他们不断成长。这种"纵向保育"十分有效。

不仅如此，年长的孩子会承担起照顾弟弟妹妹的工作，在幼儿园的三年间，他们能获得作为老大、老二、老三的三种不同的体验。

"要对弟弟妹妹好。"家长可能随口就能说出这句话，但是如果没有实际被哥哥姐姐照顾过，小孩子也不知道该如何照顾好他人吧。

从这一角度来想，希望蒙台梭利园以外的幼儿园也能导入这种班级模式。但是这种模式存在几个难点：教师能力不足则无法成班；年龄差导致体力悬殊，同在一个班存在危险；等等。出于以上这些原因，这一班级模式始终没有推广开来。

但即使不能给孩子创造"纵向保育"的环境，家长也要有意识地带孩子去找附近的朋友或亲戚，尽量让自家孩子和不同年龄段的孩子接触。这才能培养孩子真正的能力。

⑮ 促进孩子成长的"三个要"教学法

很多孩子在进入敏感期之前，会因想挑战新的活动却不知道做法而困扰。

针对这种情况，有一种促进孩子成长的教学法。我们蒙氏教育的老师都在用，各位家长也可以在家模仿一下试试。

"三个要"教学法：

"要看仔细哟"；

"要等一下哟"；

"我再做一次，要看好哟"；

◆ "要看仔细哟"

第一个"要看仔细哟"就是当着孩子的面做给他看。这一时期要注意的是：慢慢来，用慢动作来做给孩子看。

儿童通过视觉捕捉和理解事物的速度要比成年人的慢很多。大家觉得差多少呢？

儿童通过视觉捕捉和理解事物的速度竟然是成年人速度的1/8。因此，即使成年人按正常速度做给他们看，他们的眼睛也是跟不上的。

如果我们以8倍速看视频，也根本不知道视频在讲什么吧。上述同理。

据说，孩子在6岁以后才能培养出准确捕捉移动物体的动态视力，所以在此之前家长要注意慢慢做给孩子看。

同时要保证，展示的时候，只是展示。孩子还无法同时调动两种能力，同时做两件事。例如吃饭时，如果打开电视，孩子的目光和意识都会集中在电视

图3-23　孩子无法同时做两件事

上，吃饭的动作就停下了。

为了能更好地给孩子展示操作过程和动作，要牢记"动手时不说话""说话时不动手"。

孩子还不能做到耳、眼、手相配合，所以看的时候只是看，听的时候只是听。

◆"要等一下哟"

当家长向孩子展示的时候，孩子会伸出手来。因为完整展示整个过程非常重要，所以这时家长就要说"要等一下哟"，来压制他们的欲望。在等待的过程中，这种想做的欲望会越来越强烈（这是非常重要的，也是最难处理的地方）。

这种欲望与"自主选择自己要做的事"息息相关，有利于培养出一个可以等待的孩子。接下来家长就可以说："等半天了吧！现在轮到你了，要试试看吗？"

说句题外话，如今"不能等待"的孩子越来越多。以前的家庭中，兄弟姐妹多，孩子们等待是必然的。孩子如果打断大人说话，就会被呵喝："我们正以前……

现在……

图3-24　以前的孩子要等一下，现在的孩子不需要等待

在谈重要的事，请你等一下！"但是如今少子化现象严重，独生子女偏多，搞不好家长们只围着一个小孩转，这也很常见。如此，小孩就成"小王子（公主）"了，是一家的中心，完全不需要等待。

这是一个无可奈何的社会现象，但是若想挖掘孩子真正的能力，家长一定要具备"让孩子等待"的意识。

◆ "我再做一次，要看好哟"

经历了让孩子看、让孩子等的过程，终于到了让他们做的阶段。但这是第一次尝试，所以很可能失败。

遇到这种情况，家长往往会指导孩子"这里先这样，再这样"，或者不动手，但是嘴上却说"啊，那里不行"。这些都犯了大忌。

孩子也有自尊，如果最开始就被否定，他们会受伤。那应该怎么教孩子呢？

正确答案是家长说"我再做一次，要看好哟"，然后重复最初的动作。决不能只纠正，却不教做法，而要一边讲解，一边教做法。

　　特别是针对孩子失败的地方，家长要有意识地放慢速度，展示给孩子看。重要的是孩子通过观察家长的重复演示，意识到自己和家长做法的不同之处。

　　希望大家都能在了解"三个要"之后，试着用此法去教孩子们。这样不仅可以看到以前从未有过的成效，还会惊喜地发现亲子之间的信任关系也更加深厚了。

16

从蒙台梭利教师身上学到的三大秘诀

接下来让我来告诉大家我们蒙台梭利教师在教学过程中使用的技巧，主要有两点，分别是"身体的位置"和"对话"。

①坐在惯用手的一侧。

第一次教孩子的时候，要坐在他惯用手的那一侧。

因为如果坐在另一侧，有一些必须向孩子示范的细节操作会被大人的手背遮挡，孩子就看不到了。

此外，教授孩子时最忌讳坐在孩子的对面。因为坐在对面时所做的所有动作和孩子的方向都是相反的。5岁左右的孩子并不具备反向思考的能力，可想而知坐在对面教授孩子一定是以失败告终的。

②斜后方45度。

当孩子开始动手操作之后，为了不分散他们的注意力，最好离开孩子的视线范围。但是，他们还在学习过程中，还有不理解的地方，所以要选择一个可以马上重新做给孩子看的位置，符合这一要求的最佳位置就是斜后方45度的地方。

③要试一下吗?

在向孩子详细展示做法后，要在尊重孩子的基础上询问他:"你要试一下吗?"

做与不做交给孩子来决定，以此来培养他们独立选择的能力。

可能有的孩子会回答"我不做"。这种时候，家长要说"好的，那下次再做吧"。

不想做，说明孩子当时怎么也提不起兴趣，在这种情况下，即使勉强他去做也没有意义。

图3-25　家长询问孩子："你要试一下吗？"

17

教具和玩具有什么区别

　　在蒙台梭利园，教具被整齐地摆放在架子上。孩子们从中自由选择，拿到自己的桌子上，开心地展开自己的"工作"。完成之后，再将教具放回原来的架子上。这样的事情每天都在发生。

　　教具是蒙氏教育中的一个重要组成部分。那么，教具和玩具有什么区别呢？

　　首先，有一个最明显的区别：玩具是为了让孩子开心，而教具则是用于帮助孩子成长。其次，每个教具的使用方法也各有不同。这一点也和可以随意玩耍的玩具截然不同。

我经常被问："如果想在家里尝试蒙氏教育，必须购买专门的教具吗？"

的确，蒙台梭利园使用的真正的教具有其独特的魅力。但一方面教具价格较高，另一方面即使有教具，而家长不知道这些教具是为了帮助孩子哪方面的成长，以及如何操作，也就无法发挥其功能。

相反，如果家长掌握了孩子成长阶段的相关知识，认真揣摩教具的功能，那么即使是在平价商店购买的物品，放在家里也能成为很好的教具。

特别是在 0~3 岁阶段，很多活动都是为了培养孩子日常生活的能力，因此，家里的生活用品都能活用为教具。

孩子们会把自己成长的挑战当作"上天布置的作业"，拼尽全力去完成。

他们屏住呼吸堆积木、用螺丝刀不断拧紧螺丝等行为，在成年人看来只是在玩耍，但他们的能力正是在这些行为中不断提升的。

有的家长抱怨："真是的，我家孩子总是玩同样的游戏。"其实专注于玩乐，就是孩子的"工作"。

◆ 工具的重要性

为了能让孩子专心"工作"，家长需要准备正规的工具。

例如，"用剪刀剪纸"这项"工作"，可以练习手眼并用，是一份非常有效的"工作"。请给孩子真正的剪刀让他去做这项"工作"。

可能有的家长会觉得孩子用剪刀太危险了。对于这些危险的工具，家长要先告诉孩子使用方法和使用场合，再交由他使用。

只有让孩子真正去做剪的动作，才有助于培养他的专注力。如果工具质量差，孩子总是失败，就会导致他失去信心，讨厌这项"工作"。甚至有可能在还没完成"上天布置的作业"的情况下，敏感期就过去了。

当我把这个理论告诉一位知名大学的医生时，他说："怪不得我不擅长用剪刀呢。"

他出生在一个关注教育的家庭，被小心翼翼地抚养长大，所有危险的东西，比如剪刀，都被家人收了起来，他小时候从未见过。

虽然上小学时成绩很好，但怎么也不会灵活使用剪刀，于是他很讨厌手工时间。他笑着说："我本来是想去脑外科的，可惜我的手不够灵巧。"

需要注意的是，家长为孩子准备正规工具时，也要注意尺寸和重量，要根据孩子手的大小和手部发育的程度来选择合适的剪刀。对此，家长要仔细观察孩子的手部发育处于什么阶段。

我们常说用剪刀"咔嚓咔嚓"剪东西，但第一次使用剪刀的孩子一次只能剪一刀，如果让孩子剪又薄又软的大纸，大概率会失败。因此，家长应该选择像明信片一样的硬纸，让孩子试着把它剪成5毫米宽的细条。

这样，孩子一定能顺利剪开。成功之后，他就会不断重复，越做越好，渐渐地培养起自信心。自信心增强后就可以进入下一个挑战阶段。

　　像这样根据孩子的成长阶段为其准备工具，就是
蒙氏教育所说的营造环境。

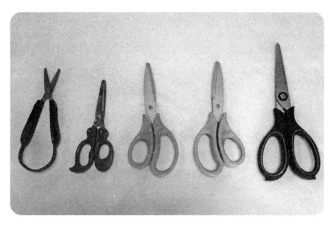

图3-26　选择适合孩子手部发育程度的剪刀

专栏　左撇子需要矫正吗

　　经常有家长问我："这孩子好像是左撇子，需要矫正吗？"

　　处在这一时期的孩子两只手都很灵巧。从脑科学的角度来看，使用双手可以给大脑更多的刺激。也许这就是学习乐器有益于大脑发育的原因。

　　一位父亲是脑外科医生，他说："做手术的时候，两只手同时操作非常重要，但是在日常生活中，周围的环境更利于右手操作，所以我一直注意递铅笔和勺子的时候都用右手。"

如果您的孩子起初用右手操作，当开始集中注意力时，换成了左手，那就说明他是左撇子。但不要强行矫正，我认为使用左手能让孩子的人生更加丰富。

18

正确选择玩具的方法

在前文中已经讲过，玩具的用途是让孩子开心，蒙台梭利教具的用途是帮助孩子成长，二者在用途方面截然不同。

但是，玩具也对孩子的成长起着重要的作用。家长一定要学会正确选择玩具的方法，帮助孩子选择可以促进他成长的玩具。

玩具大体分为开放式和封闭式两种。开放式玩具以积木、乐高和玩偶为代表，特点是可以让孩子无止

境地玩下去；封闭式玩具以拼图为代表，特点是可以
让孩子在某个周期内获得成就感。

两种类型的玩具对孩子的成长都很重要，所以家
里这两种玩具的数量要保持平衡。

在我的沙龙里，根据孩子的成长，放置了各种各
样的拼图。为什么要放这么多拼图呢？因为孩子在玩
拼图游戏时，即使没有家长或老师指出错误，自己也
能发现问题。孩子自我纠正并完成拼图，从而获得独
立完成的成就感。这一过程称为"自我纠正错误"。

对于第一次来到沙龙的孩子，我会进行预测，
给他相应难度的拼图。孩子们不断试错直到独立完
成，形成自我肯定的心理，即"我自己也可以做到这
一步"。

如果孩子将完成后的拼图打乱，又开始重复拼，
就证明这种拼图符合孩子当下的智力水平。

建议各位家长准备好各种拼图。但如果买了一种
高难度的拼图，不符合孩子当前的智力水平，那就把
它放到架子的上层。过一段时间再拿出来给孩子，说
不定他就能顺利拼出来。

需要注意的是，家长千万不要和孩子一起玩拼图，这会导致孩子无法独立完成，结果往往适得其反。因此，家长要尽可能准备孩子通过努力能够独立完成的拼图。

图3-27　家长要准备符合孩子当下智力水平的拼图

◆ 玩具也要亲自严格挑选

自己选择玩具也有助于提高孩子的自主选择能力。如果把玩具堆在箱子里，或者收起来放在高处，孩子不得不求助大人才能做选择，他的自主选择能力就得不到培养。

最理想的情况是根据孩子目前的成长阶段放置两种玩具：一种适合当前阶段，另一种适合下一阶段。

每个季节至少要清点一次玩具箱，把已经完成使命的幼年玩具让给年龄较小的孩子，给他们营造一个自主选择的环境。

如果被给予太多的玩具，孩子长大后可能会变得没耐性。正是因为玩具数量有限，孩子才会发挥创造性，去享受玩耍的乐趣。

◆ 培养自主选择能力

在人的一生中，自主选择能力非常重要。而这种能力主要来自童年的习惯。

对此，不仅是在选择玩具方面，在其他方面也应该设法让孩子自己选择。

对于"太想自己动手了""家长一伸手就厌恶地推开"的孩子，家长要利用这种"自己想做的力量"来培养他。孩子真正的能力得到发展，妈妈烦躁的情绪也会得到有效控制。

一个有用的技巧就是二选一。

尽量让孩子自己做出选择。要做到这一点，鞋子、袜子、衬衫、裤子和裙子的数量应尽量少一些，每次提供两种，通过询问"今天选哪一个"来让孩子选择。通过这样简单的过程，孩子能养成自主选择的习惯，同时能增强自我认同感。

这种技巧的关键在于把选择的数量控制为两个。对于5岁以下的孩子来说，他们很难从3个或更多的选项中做出选择。

最糟糕的情况是家长根本不给出任何选项就直接问"怎么办"。请记住，5岁以下的孩子很难回答这个问题。

◆ 培养认同感的如厕训练

如厕训练也要适时。什么是适时？需要具备3个条件：首先是"可以自己走去厕所"，其次是"上厕所的间隔时间变长"，最后是"孩子主动说'我想尿尿'"。

　　如厕训练如果也采用"二选一"的方式，训练会变得愉快。首先可以从买内裤开始，让孩子选择自己喜欢的内裤。然后询问孩子："今天是用尿不湿还是穿儿童内裤呢？"这样，孩子会产生自主选择的意识，同时增强自我认同感。

图3-28　让孩子产生自主选择的意识

专栏　体验拆解

我们小的时候大都破坏过许多东西，比如钟表、电视、自行车等。为了搞清楚到底是怎么回事，我们经常会用螺丝刀和扳手进行拆解，最终搞清楚其结构才能松口气。正因为我们有过这样的经历，所以坏掉的家电、家具之类的基本都可以自己修理。

但是，现在的电器越来越复杂、越来越小，即使拆解了，也没法看清结构。"原来如此，原来如此——"这样的体验越来越少。从这个角度来看，蒙台梭利的教具是能够帮助孩子理解原理、原则，学有所得的宝库。

在家里，可以利用不要的玩具、扔掉的纸箱等给孩子拆解的机会，激发孩子探求原理的欲望，或许可以发现他潜在的能力。

第四章

孩子会在正确的成长周期中茁壮成长

强势与温柔，掌握生存之道

1

人生所需的两种认同感

　　每当我开讲座时，都会有家长问我："老师，养育孩子最重要的是什么？"

　　我回答"认同感"，或者更确切地说，是"自我认同感"和"对社会的认同感"。

　　自我认同感绝不是自负，不是"不管在哪儿，面对什么情况，我都能行"的盲目乐观，而是认同自己的存在，并且能够接纳自己。具备了这种品质，在和他人竞争时，就不会被他人的评价所左右。

即使是学习成绩优异的孩子、擅长运动的孩子，也总会遇到人外有人的情况，有自信心动摇的时候。在这种时候，无论他人的评价如何，都能在内心坚定地相信"我能做到"，那一定能克服所有的困难。

对社会的认同感是指"世界上有很多人，大多数人是好人，如果自己遇到什么麻烦，可以向他人寻求帮助"，这是一种对他人的乐观的信任。

我虔诚地相信，只要有这两种感情，人就能生存下去。反之，无论变得多么富有，无论你毕业于多么优秀的大学，都可能会变得不幸。

如果有自我认同感和对社会的认同感，年轻人自杀的悲哀结局也一定能够避免。

那么，这两个重要的认同感是什么时候、如何培养起来的呢？毫无疑问，是在孩子0～6岁时打下的基础。

◆ 培养两种认同感的成长周期

孩子有自我成长和自我培养的能力，蒙氏教育的基石就是相信这种能力，并给予孩子帮助。

为了让孩子发挥真正的能力，家长需要了解什么是正确的成长周期（参见文前彩插）。

正确的成长周期由以下六个阶段构成。

①找到自己感兴趣或关注的事物。

孩子具备"现在需要自我培养"的本能，这是"上天布置的作业"。

来我的沙龙的孩子，起初也是站在家长身旁，不敢活动。但是，当确认这里安全之后，他们就开始在沙龙里自由活动。

②自主选择有助于自己成长的"工作"。

孩子进入"工作"状态绝不是被迫的，而是他知道该如何选择。这不仅仅局限于蒙氏教育，更是人类成长的源泉。

高尔夫健将泰格·伍兹的父亲一直想让他打高尔夫，但从来没命令他打高尔夫。

年幼的泰格·伍兹看到他的父亲在车库里开心地玩着推杆游戏，自己说出了"我也想玩"。

父亲却说："你还小，不能玩。"一直没让他尝试。

即使这样，泰格还是坚持恳请父亲让他尝试，于是父亲说："那么，我从基础开始教你吧！"泰格的高尔夫生涯就是从这里开始的，他是自己决定打高尔夫的，这一点意义重大。

棒球健将铃木一郎的父亲铃木宣之也有同样的想法。听说铃木宣之日复一日开心地在棒球中心进行挥棒练习，一直在等着铃木一郎说"拜托了，让我也试试吧"的那一天。

作为一位世界级的专业人士，要想在艰苦的比赛中登峰造极，既要有"因为我喜欢高尔夫""因为我喜欢棒球"的动力，还要有不被他人左右、能自主选择的开端，这样才能向着更高的层次努力。

③**专注于该项"工作"，并不断重复。**

我的沙龙里摆放着各种各样的教具，孩子们会自主选择有助于自己成长的教具，把它取下来放在桌子上，开始"工作"。

我在前文讲解拼图游戏时曾说过，对于不符合自己当下智力水平的拼图，孩子玩一次就满足了且不会玩第二次。但如果是与自己的成长需求相匹配的游戏，孩子就会专注于其中并不断重复。

当孩子集中精力完成任务时，他们的脸上将露出欣慰的笑容。这正是蒙台梭利所说的"能够看到内心深处的笑容"。

我最小的女儿在大概5岁的时候也发生过这种事。

某年冬天我带着她去横滨的一个美术馆，附近有一个结冰的池子。

如果向池子里扔石头，冰层就会啪的一声碎裂四散。女儿觉得很有意思，被这件事深深地吸引住了。我和妻子都冷得想回家，但女儿玩得很认真，手都冻得通红还是不停地扔石头。

"欸，这也是一种专注现象。"我这么想着，就静静地看了一会儿。玩了大概30分钟后，女儿主动说："我玩够了，回家吧。"

我永远不会忘记女儿那灿烂的笑容。如果当时强行把她拉走，就看不到那样的笑容了。

各位家长如果能耐着性子守候，也能看到自己孩子灿烂的笑容。

④**获得满足感和成就感。**

孩子们专注"工作"的样子，即使在成年人看来也是非常有震撼力的。通过不断重复，"工作"会做得越来越顺手，孩子也能因此获得满足感和成就感。

⑤**习得生活所需的能力。**

孩子学到的能力将会终身受用，就像学会了骑自行车之后一辈子也忘不掉一样。再举个例子，有个孩子反复练习用剪刀剪东西，技术越来越高超，而且这种技术终身都不会退步。另外，这还能锻炼孩子双手的灵巧程度，甚至可能挖掘出孩子意想不到的才能。从这个角度来看，处在正确的成长周期中是多么美好的一件事啊！

⑥**培养自主选择能力和自我认同感，产生挑战新事物的想法。**

"我自己选的，而且做到了"这件事可以培养孩子的自我认同感。

从小积累的成功经验，可以使孩子产生"我真行""我还挺厉害的"等积极想法。

这种自我认同感不会在家长或其他人强迫下

产生。

　　孩子只有独立完成了自己选择的活动，并做得很好，才会产生挑战新事物的想法。从这之后，孩子继续寻找新的兴趣点和关注点，进入正确的成长周期。

　　技能带来技能！

　　能力培养能力！

　　自信产生自信！

　　只要这个周期不断循环，孩子就能自然成长。

藤井聪太棋手成长的真正秘密

因在官方比赛中29连胜而成为全日本焦点的日本职业将棋选手藤井聪太表示，他也是从"自己做决定"开始的。

在他的小学毕业文集里，有一篇名为《我和将棋》的作文，读过之后我才知道，在藤井5岁那年的夏天，奶奶不知从哪里拿出了将棋棋盘和棋子。

当时5岁的他正处于敏感期。他对在敏感期碰巧遇到的将棋产生了兴趣和关注点，并开始自己动手下棋。

"棋子上写着如何移动，所以我很快就学会了下棋。"不需要别人教就可以自己深入学习是关键，因为这样能够培养"自己做到了"的成就感。

从那以后，藤井聪太几乎每天都和住在隔壁的爷爷奶奶一起下将棋，很幸运地做到了"重复"。

爷爷奶奶可以耐心地陪藤井聪太下将棋，但是爸爸妈妈太忙了，没法这么陪藤井聪太。

作文后续写道："但是我们三个都不知道高深的棋局破解之法。不久之后，奶奶在附近给我报了将棋班。"这为孩子进入下一成长阶段所需的环境做好了准备。奶奶抓住了这个节骨眼，为孙子开辟更多的可能性。

"去将棋班下棋成了我最大的乐趣，我越来越沉迷于将棋。"后来，藤井聪太的才能不断发展，6～7岁时，他解棋局的实力超过了职业水平。之后，正如大家所知，14岁2个月的时候，他成为日本职业棋手，其后创造了正式比赛连胜次数最多的纪录。

藤井聪太的母亲裕子在接受采访时说的话解释了这一切。

图4-1　藤井聪太学习将棋的经历

"我一直在想办法让孩子找到喜欢的事情并专注于其中。"

据说夫妻二人决定"如果孩子沉浸在某件事情中，决不去阻止"。

他的父亲正史也说："不知不觉中，我们家就形成了一种随心所欲的氛围。"

关键是，他们没有打扰藤井，确保孩子的成长周期正常循环。正是这样的理念成就了如今的藤井棋手。

"助力藤井成功的蒙氏教育究竟是怎样的教育方法？"公众对蒙氏教育的关注度也越来越高。

接受蒙氏教育毫无疑问是藤井聪太专注力的来源。但是，最重要的是藤井聪太的家长支持孩子的育儿态度。他们拥有爱和行动力，能够正确认识孩子的成长，并能保证孩子的成长周期正常循环。

家长认真研究孩子的成长规律，照顾好孩子，即使不去蒙台梭利园，每个家庭也都可以做到这一点。

◆"为你好"的想法会干扰成长周期

如果成长周期正常循环，孩子就会自然成长，但家长需要注意，很多情况会导致成长周期陷入错误的循环，即文前彩插"错误的成长周期"。

①周围没有可以激发自己的兴趣或关注点的事物。

②没有自主选择的权利，只能等待指示。

③专注做某件事时被打扰。

④得不到满足感和成就感。

⑤无法掌握生活所需的能力。

⑥自主选择能力低、自我认同感低，不敢挑战新事物。

以上这些都会导致孩子无法进入下一个周期。

我们可以发现，最大的障碍是家长和周围的其他成年人。而且在通常情况下他们都觉得自己所做的一切是为了孩子好，结果却阻碍了孩子的成长。

大概就是"太危险了，把它收起来吧""这样会更有用，让我试试""不能让你一个人做，我也一起做吧""我觉得你做不到，所以我替你做吧"，等等。

"做这个""接下来是这个"，家长帮忙做选择更是错上加错。

孩子如果陷入错误的成长周期，就会成为一个无法自主选择、只能等待指示的人。

不幸的是，这样的孩子越来越多。棘手的是，这样的孩子有指示就会做得很好，所以看起来像个好孩子。

另外，经常能注意到孩子需求而抢先一步做好的妈妈也要注意。当孩子想拿东西时，如果妈妈直接问"这个？""这次是这个？"这样的话，孩子就只会说"嗯""不"，不久孩子就养成了借助家长力量的习惯。他会抓住家长的手说"做这个"。这种现象叫"起重机现象"，出现这种现象的孩子也越来越多。

在孩子需要自己选择的时候不让他选择，家长打着为他好的旗号帮他做，这种行为说得严重点就是广义上的虐待。

当孩子无权选择自己要做的事情时，他就无法集中注意力，更不会重复去做。

如此一来，孩子做得不顺手，无法掌握相应的能力，还有可能产生不满足的情绪，不利于自我认同感的培养。

孩子即使可以做到，也会因为是被别人要求做的，或者是别人帮自己做的，而无法培养自我认同感。孩子因为并不感兴趣，所以也不会挑战下一阶段的新内容。这样成长周期就会陷入错误的循环。

　　怎么样？请家长对照孩子的成长周期，重新审视一下应对方法吧。

3

家长常犯的五个错误

至今为止，我为2000多个家庭进行过一对一咨询，见过各种各样的家庭，由此汇总了家长常犯的五个错误。

①催促。

在孩子悠闲地以自己的速度完成"工作"时，家长经常会按照自己的速度要求孩子"快点，再快点"。希望大家回忆起孩子的速度是家长的1/8这一事实。

②抢先动手。

在孩子们自己还没动手时，家长经常抢在他们前面动手。如果总是这样，孩子就会养成自己不动手，坐等家长去做的习惯。

③打断。

当孩子集中注意力，重复同样的活动时，家长经常会说"这个就到这儿，换个别的活动吧""到时间了，开始下一个活动吧"。此外，家长总因为自己的事打断孩子的活动。如果这种情况反复出现，孩子会觉得"反正也会被强迫停止""反正也会被强制要求做别的事情"，就不再集中精力做一件事，并深挖下去。这种特征常见于学习日程过于紧凑，经常被"带来带去"的孩子。

④代劳。

"那太危险了""太难了""你做不了""还是由妈妈来做更好"，家长因为各种理由代替孩子做事就叫作代劳。孩子在重要的敏感期失去成长的机遇，主动去做的意愿也会被剥夺。

图4-2　家长常犯的五个错误

⑤**放任不管**。

家长对孩子放任不管，主张"你想做什么都可以"，不教给孩子任何东西。这样一来孩子会因不知道该做什么而感到不安。在保障自由的基础上，守护和放任是完全不同的。这种家长"出于好心"而常做出很可能会耽误孩子成长周期的行为必须及时改正。

4

空出 "观察日"

　　为了确认成长周期是否正常循环，家长需要定期设置"观察日"。

　　"观察日"指的是今天全天不干扰孩子、认真关注孩子、仔细观察孩子的日子。

　　家长如果能仔细观察孩子，就能了解孩子现在的发育阶段，并清楚地看到孩子的成长有哪些阻碍。比如，能发现"孩子现在对这件事很感兴趣"或"这里有碍事的东西，所以孩子无法做到"等细节。

家长被忙碌的生活所裹挟，很容易忽略孩子的某些需求。因此，即使是两个月设置一次，也一定要有"观察日"。需要注意的是，一定不要以"寻找孩子的错误"的眼光去观察，这不是监视。

"这个年龄的孩子可能会做这样的事，我们家的孩子会怎么样呢？""果然是有敏感期呢。"……家长观察之后通常会有新的发现，这样就能够以全新的视角看待孩子了。

5

让成长周期加速的赞美法

　　蒙台梭利老师不会过分夸奖孩子，因为孩子本能地知道自己成长的任务，自主选择并独立完成某件事是为了自己，而不是为了得到成年人的赞美。因此，我认为无条件的赞美对孩子是不礼貌的。

　　对家长来说也一样。最初孩子是因为自发的兴趣和关注点才开始动手去做某件事，并没有期望得到家长的赞美。他是在完成"上天布置的作业"，其内心深处可能还会想"妈妈怎么这么大惊小怪"。

但是，近年来，赞美式育儿法已成为主流，家里人轮番上阵夸奖孩子。每次孩子做点什么，家长就鼓掌喝彩，大力表扬。被表扬的孩子不会被吓到吗？

过度的赞美会变成恭维。

恭维是成年人的一种企图——希望孩子再做一次。因此，能敏锐捕捉家长这一企图的孩子会出现以下情况：家长不恭维就不去做，只有在家长看的时候才会进行活动，甚至有些孩子在做成某件事后会要求大人鼓掌。

为了得到家长的赞扬而努力学习的孩子没有内在的动力。因此，这样的孩子往往缺乏自主性，一旦成绩开始下降，多半难以挽救。基于他人的评价产生的相对认同感在评价变低时，就会降低。不久，孩子就会养成看人眼色行事的习惯。

这样不仅无法加速孩子的成长周期，也无法培养孩子真正的自我认同感。

那么，正确做法是什么呢？

关键在于认同。

孩子知道现在应该做些什么来帮助自己成长。他

会对相应的事情产生兴趣，并专注于其中。所以，当
他完成一项活动时，脸上会洋溢着满足感。

家长一定要抓住这个瞬间，给予孩子认同："我
看到了，你一个人做到了。""你坚持到了最后。"

不需要过多的掌声和欢呼。家长只需要在语言上
对孩子表示认同，如"你将自己选择的活动坚持到了
最后，还做成功了，真是太棒了""无论何时，爸爸
和妈妈都会关注你的努力的"。

这不是对一个孩子，而是对一个身为人的个体表
达的敬意。

当孩子做事时，家长不要只关注结果，而要满怀
敬意地赞美他做事的整个过程。这样的赞美和恭维完
全是两码事。

孩子在童年时期积累起来的这些独立完成的小小
成功经验，能培养他的自我认同感，更能鼓励他再次
尝试新的活动。

认同的最高层次就是同理心，也就是说，承认对
方的人格，并走进其内心。

"我看到了。你一个人做到了！开心吧！"

"你坚持到了最后！ 妈妈也很高兴。"

这些具有同理心的话语，可以帮助孩子顺利进入成长周期的下一个环节。

"独立做成一件事是很了不起的。更不错的是，这个过程中还有人默默守护，为自己的努力而高兴。"

孩子如此激励自己，这也是培养对社会的认同感的根基。

在被认可和充满同理心的环境中长大的孩子，也一定具有同理心，将来也一定能培养出走进他人内心的人。

6

帮助孩子成长的斥责法

蒙氏教育中没有"斥责"的概念，但我认为斥责在某些场合是必要的。

为了能让孩子生存下去，当严肃传递"这件事必须告诉他们""这种行为必须纠正"的价值观时，就需要斥责。

斥责的时候，必须严厉。大人认真的态度、严肃的神情、具有震慑力的声音，让孩子理解"这是不应该做的事"。这其实属于"社会参考"的范畴，即孩子在某些情境下通过他人的情绪反应来指导自己的行为，从而逐渐认识社会的规则。

如果孩子闯了红灯，家长也不斥责，那么将来孩子可能会因为闯红灯而遭遇车祸。反之，孩子看到平时和蔼可亲的妈妈一反常态地斥责自己，就会意识到"看到红灯必须停下来"，秩序和规则就是这样逐渐在他心中建立起来的。

另外，当场斥责也很重要。孩子大都活在"现在"，特别是3岁以下的孩子，他们经常考虑此时、此地的事情，而不会考虑未来和过去的事情。当孩子犯了错时，家长如果没有当场斥责，就算后期再斥责，也于事无补。

还以孩子闯红灯为例，如果回到家后再斥责孩子"你刚才闯红灯了，知道吗"，他早已不记得自己做了什么事，只是呆呆地听着。

所以，斥责孩子要把握好时机。

此外还有一个重点：斥责的时候不要喋喋不休，而要简单明了。

有些家长在斥责孩子时总喜欢讲一番大道理，反而会导致孩子强词夺理："为什么？怎么就不可以？"

我认为，在某些场合"不行就是不行"这句话很有必要。

当说了多次孩子还是不懂的时候，家长就要耐心地斥责。现在斥责孩子是为了将来不被这些问题困扰，如果半途而废就达不到效果了。

最后，统一夫妻之间的善恶观和价值观也很重要。如果妈妈和爸爸说的话不同，孩子会感到困惑。

夫妻两人是在不同的家庭环境中长大的，所以在抚养孩子的价值观和生活习惯等方面存在诸多矛盾。

但我希望各位家长不要感情用事，切勿像开战略会议一样左右自己孩子的人生，而是要深入交流，围绕育儿观反复进行磨合。

第五章

孩子长大成人之前
家长需要知道的内容

活到老，成长到老

① 孩子在24岁前会这样成长

读到这里，我想大家已经知道0～6岁的婴幼儿期的重要性了。但是孩子接下来还会不断成长。在本章中，我将介绍孩子6岁以后的相关情况。

请再看一下文前彩插中的"四大发展阶段"示意图。今后，在漫长的育儿之路上奋力前行的时候，大家如果能系统地将"四大发展阶段"印在脑海中，就像拥有了决定孩子前进方向的指南针。因此，请大家继续认真学习吧。

◆ 6～12岁，儿童期（小学）

——看重小团体的时期

6～12岁，正好处于小学阶段，这一时期孩子的成长相对稳定，身心发展波动不大。处于这个时期的孩子，拥有超强的记忆力，而且记忆的内容基本不会忘记。这就是有些孩子初中、高中学到的东西几乎忘了，却清楚地记得小学所学内容的原因。

也就是说，这一阶段是学习的最佳时期！

拿电脑来比喻，如果在6岁之前做一个高规格的硬盘，在6～12岁向其中输入大量信息，这就是必胜模式。

在儿童期内学到的包括小升初考试的大量内容，从某种意义上来说，与其成长是相称的。

但是，在心理方面，要注意五、六年级的孩子会进入"帮派时期"。

开始以小团体为单位活动的时期，称为"帮派时期"。

在此之前，孩子会因为两家离得近、两家父母关系好等原因交朋友。但进入儿童期之后，会结交价值观一致、年龄相近的朋友，并建立小团体。

　　女孩子喜欢和有相似爱好的人在一起，很可能会换一批新的朋友。男孩子也开始和兴趣相投、聊得来的人聚在一起。那些经常骑自行车穿过商业街的孩子们大概也处在这个年龄段吧。

　　他们拥有自己的秘密，团结紧密，团体相对封闭，有着排他的行为。孤立、欺凌他人等现象的根源也在于此。

　　电影《伴我同行》①的背景就是这一时期。他们重视同伴，互相分享秘密，并有组内分工——谁是头领，谁是副手……也可以说通过这样的人际关系，孩子们在练习面对人生困苦的能力。

　　如果是女孩子，0～6岁最喜欢的人是爸爸，家人是第一位的，但在进入儿童期之后，她们会突然转向"朋友第一"。我知道很多爸爸都很震惊，觉得"以前她是个多么好的孩子啊……"，但请将这一行为理解成孩子在为独立、离开家长做准备，在为融入

---

① 英文名 Stang by Me。罗伯·莱纳导演的作品。——译者注

社会进行预演练习。

这些行为或多或少发生在每个处于这个时期的孩子身上。这就是独立的开始。

同时孩子也来到了青春期的入口，家长必须做好心理准备。

需要注意的是，这一时期的孩子为了准备小升初考试，会更加刻苦地学习。

面对每天时间安排紧张，学习到深夜的孩子，家长经常说"你只需要学习就可以了"，然后把其他事情都帮孩子做了。

考试一结束，对着一直以来习惯于什么都让家长帮忙做的孩子说"你自己做吧""好歹也帮着做点家务啊"，他们怎么可能行动起来呢？因此，即使是在忙碌的学习期间，也要让孩子渐渐养成习惯，自己的事情自己做。

◆ 12～18岁，青春期（初中、高中）
——变化剧烈的时期

12～18岁的初高中时期是青春期。这是一个变化非常剧烈的时期。

与骨骼的显著生长相反，这个时期的孩子内在脆弱、纯真，甚至可以称为"新生"。生理上也发生了重大变化：女生迎来初潮，男生出现遗精，等等。

大人们可能会认为"随着年龄的增长，孩子的身体会更结实，内心会更坚强"，实际上处于这一时期的孩子就像刚换壳的螃蟹一样脆弱。

在精神层面，孩子会重新审视自己，开始格外在意别人如何看待自己，所以非常害怕脱离社交圈。

担心自己追求的理想和现实之间的差距，对包括家长在内的权威的反抗心理也会愈加强烈。这种力量会通过犯罪、家庭暴力或"家里蹲"等形式表现。

家长如果不知道这些发生在孩子身上的变化，可能会用与对待小学生一样的方法对待处于这一时期的孩子。所以，家长在遭到孩子的反抗时就会觉得"以前是个那么好的孩子""好像变了个人"。

随着孩子年龄的增长，家长对他的影响力会越来越小，取而代之的是他的朋友。此外，他还会向学校社团里的学姐、学长以及理解自己的老师敞开心扉。

考虑到在这个年龄段，家长可能失去对孩子的控制，所以这一时期孩子周围的环境就显得非常重要。

从这个角度来看，让孩子进入一个对其有积极影响的环境无比重要。

此外，进入这一时期，孩子的个性、性格都会显露。家长可能会经常感到"和自己当年有很大的不同"，并且会明显地感觉到，孩子不会按照他们想象中那样长成"好孩子"，有时孩子也会出现不能适应学校或集体的情况。

我认为，对孩子来说，相比在群体中被"好孩子"标准淹没的一致性，在群体中培养独立思考和独立行动的能力更为重要。

经常有家长说："真难办，我家孩子只做自己喜欢的事情。"日本文化要求协调一致，偏离主流就会给人不好的印象。但我认为偏离是一件很棒的事情，正是有了那些有强烈倾向性的人，才有了改变社会的发明或事件。

青春期是成蝶之前的结蛹阶段，重要的是默默守护。

青春期不仅是自己的孩子，也是每个人都要走的路。是"××期"，就会有结束的一天。当自己处于青春期的孩子偏离了集体，被集体排斥在外时，告诉他"和大家不一样不是很好吗？你继续做你自己就可以"，这样的家长一定可以成为孩子心灵的最后支柱吧。

◆ 18～24岁，青年期（大学、社会人士）
——与家长平等对话的时期

18岁之后就进入了青年期。青春期的烦闷一扫而空。在这6年间，孩子会为了自己将来想从事的职业和应该担起的使命而努力学习、工作，成为一个完整的人。

进入这一时期后，曾经那样逆反的孩子，也能平等地和家长交流了。

我的孩子们在这一时期也和叛逆的初高中时期完全不同，发生了令人难以置信的转变，甚至会和我说"爸爸加油啊"之类的话。我在想，这是有过激烈的青春期的缘故吗？

经历过青春期的挣扎和痛苦，孩子们找到了自我，学会了独立，开始为社会做贡献。

青年期是从蛹变成蝴蝶的阶段，是进入社会前的重要时期。充实地度过前面的阶段才能平稳地进入青年期。孩子如果在青春期一直是个乖乖女（男），对家长言听计从，即使进入青年期也难以成为自立的成年人。

为了成为美丽的蝴蝶，快乐的毛毛虫时期以及需要身边的大人默默守护的结蛹期都非常重要。

此外，在现代社会，家长离不开孩子的问题也越来越多。孩子被当作满足家长期望的寄托。如果家长将孩子的依赖看成自己存在的价值，那么孩子就会永远失去独立的机会。

北极狐妈妈会在合适的时机吓唬小狐狸，让它无法待在窝里，逼它独立。这种在严酷的自然界中帮助孩子实现独立的育儿法，可能也是我们人类必须学习的。

2

人类的趋势
——24岁以后也会不断成长

当孩子长到24岁，成为大人之后，成长是否就结束了？

正如前面所说，蒙台梭利发现了只在0~6岁出现的特征明显的敏感期和到24岁结束的"四大发展阶段"。

除此之外，还发现了一个人一生中持续出现的普遍的性质，那就是"人类的倾向性"。它与居住的地区、文化、时代、年龄等无关，被称为"人类的普遍特征"。

比如，带孩子去一个陌生的地方，他一定会通过散步来了解这里，确认是否安全。大人也一样。

当某个人去一个新的旅游景点，进入酒店房间时，他会干什么呢？很多人会先环顾一下房间，检查一下厕所、衣柜等。确认安全后，就会打开地图，看看自己现在的位置。

很久以前的原始人也采取同样的行动来确保人身安全。这叫作"探索的倾向性"。

通过探索发现有食物的地方以及危险的情况，用语言和文字交流，把这些信息传递给下一代。这就是我们能安全存活至今的原因。这样的行为在全世界及任何时期都是共通的，是人类共同积累起来的行为。

对动物来说，需求一旦得到满足它就会休息。但是人即使欲望得到满足，也会继续思考。

对于感兴趣的工作，人们为了能更加得心应手，就会不断重复，探索更多不同的方法，提升技术。想要完成"工作"的孩子也是一样的。

人类正因为有"向上的倾向性"，才有如今的文化和技术，并以自我完善为目标实践终身。

前几天，我去看望住在疗养院的母亲，看到大厅里90多岁的老人们都在认真地研究绘画和书法。他们还满意地笑着说"比昨天画得好"。他们的笑容和在我的沙龙中结束"工作"的孩子们的笑容一模一样。

我一直感动于人类的"向上的倾向性"，无论多大年纪都会通过不断的自我努力创造属于自己的美好人生。

"育儿就是孕育新世界"
——怀着同理心创造和平的未来

全人类都在祈盼和平，但我认为和平本质上存在于人们的心里。

心里能平衡好考虑自己和照顾别人，这样的人聚在一起才能缔造真正的和平。

这种对自我的认同感和对社会的认同感是如何产生的呢？毫无疑问，它们产生于孩子幼年时的丰富经验。

我们作为家长，用心为孩子营造丰富多彩的环境，孩子就能进入正确的成长周期，发挥自己真正的能力，独立成长下去，并以此培养自我认同感和社会的认同感，筑牢和平的基础。

"育儿才是孕育新世界的唯一方法。"蒙台梭利曾如是说。

愿本书能为这项事业略尽绵薄之力。

藤崎达宏